La arquitectura de la ciudad global

Editorial Gustavo Gili, SA

08029 Barcelona   Rosselló, 87-89. Tel. 93 322 81 61
México, Naucalpan 53050   Valle de Bravo, 21. Tel. 55 60 60 11
Portugal, 2700-606 Amadora   Praceta Notícias da Amadora, nº 4B. Tel. 21 491 09 36

La arquitectura de la ciudad global

Zaida Muxí

GG®

Créditos forográficos:

Duany Plater-Zyberk and Company: pág. 62
EPT Design: pág. 66
Gustavo Sosa Pinilla: págs. 124-125

Este libro es la reelaboración de la tesis doctoral *La arquitectura de la ciudad global. La huella sobre Buenos Aires*, dirigida por el doctor arquitecto Carlos García Vázquez del Departamento de Historia, Teoría y Composición Arquitectónica de la Escuela Técnica Superior de Arquitectura de Sevilla, leída y calificada sobresaliente *cum laude* el 19 de octubre de 2002; el tribunal estuvo formado por: Luis Fernández-Galiano, Ernest García, Carmen Jordá, Víctor Pérez Escolano y Maria Rubert de Ventós.

Agradezco especialmente a Mónica Gili su predisposición y el haberme ofrecido la oportunidad de editar este libro en tan prestigiosa editorial.

Agradezco especialmente el apoyo y el conocimiento que en diferentes ocasiones me han aportado: Jordi Borja, Andrés Borthagaray, Juan Manuel Borthagaray, Gonzalo Díaz Recaséns, Josep Maria Montaner y César Naselli.

Agradezco la colaboración y el aporte de documentación de muchos amigos, sin quienes este trabajo hubiera sido imposible: Claudia Maskin, Martín Álvarez, Pablo Finkelstein, Eduardo Reese, Marcelo Corti.

Dedico este trabajo a mi familia: Zaida, María Laura, Federico, Sebastián y Josep Maria. A mis amigos: Clara, Fabián, Fernando, Juan, Julia, Lluïsa, Majda, Marta, María Elena, Rita, Rubén y Silvana.

Diseño de la cubierta: Toni Cabré/Editorial Gustavo Gili, SA

Printed in Spain
ISBN: 84-252-1560-9
Depósito legal: B. 26.923-2004
Impresión: Lanoográfica, Sabadell (Barcelona)

A Josep Maria

Índice

Prólogo

La ciudad banalizada y la excepcionalidad porteña.

O sobre la banalidad de las tesis doctorales y la excepcionalidad de la obra de la arquitecta Zaida Muxí.

Jordi Borja

Una tesis no es un ensayo, no es un texto digerible, no pretende ser una obra innovadora o excitante. Una tesis no se publica como libro, por lo menos si se pretende que los posibles compradores lo compren y los potenciales lectores lo lean. Las tesis se hacen para cumplir un anacrónico requisito académico, deben atenerse a los caprichos o intereses del director, no chocar con las manías de los miembros del tribunal, no dejar de cumplir ninguna de las ridículas normas tradicionales sobre marco teórico, estado de la cuestión, metodología, hipótesis, investigación, verificación, conclusiones… El resultado es patético: años de trabajo voluntarioso de los doctorandos producen textos espeluznantes, cuya única utilidad es permitir que el susodicho acceda, al cabo de un tiempo prudencial, al grado de funcionario vitalicio que le permitirá aplicar el mismo método tortuoso a los candidatos futuros, a integrarse en esta clase reproductiva del saber académico. En el mejor de los casos, el inmovilismo funcionarial y las limitaciones presupuestarias actuales impiden que se mantenga el flujo de la reproducción ampliada.

Soy consciente de que no todas las tesis son intelectualmente innecesarias, ni todos los directores unos burócratas del saber pasteurizado. Las hay innovadoras, brillantes, que asumen como una carga superflua o sobreañadida al formato "tesis" y que los autores convierten con cierta facilidad en algo estimulante para que la gente normal e interesada pueda leerlo con provecho. Hay directores que apoyan estos proyectos, y dan pistas, aunque raramente cuestionan el absurdo artefacto formal que debe envolverlos. Pero también hay tesis peores que las tesis, amasijos de lecturas mal entendidas, de datos confusos, de redacciones que agreden el sentido común y de conclusiones arbitrarias, precipitadas o simplemente obvias. Las tesis, en resumen, si se me permite una afirmación general, injusta para unos cuantos pero, a pesar de todo, me temo que bastante cierta, son la banalización misma de la cultura académica.

La autora de este libro, versión de su tesis de doctorado, me hizo la irresponsable propuesta de escribirle un prólogo. Por el afecto que le tengo, es buena gente y he trabajado con gusto y aprovechamiento con ella, mi intención fue negarme en redondo. El texto quedó encima de la mesa, lo miraba a una desconfiada distancia, de vez en cuando, y me cuidaba muy mucho de leerlo, puesto que considero que no aburrirse forma parte de los derechos humanos de cualquier persona que se respete. Un buen día, la doctora Zaida Muxí me invitó a comer en su nueva casa, acepté inmediatamente, había olvidado la tesis y deseaba compartir con ella y con Josep Maria Montaner algunas ideas sobre otros proyectos. No me quedaba otro remedio que escribir este prólogo, pues ella me lo recordó inmediatamente, y tenía demasiada hambre para renunciar al plato que me servía. Una vez comido, debía pagar con el prólogo. En fin, leer el texto y ahora comentarlo para ustedes ha resultado más divertido de lo que suponía.

No es una tesis, o no lo parece. No es ilegible, a pesar de las múltiples citas, ni inne-cesariamente sofisticado, como ocurre a veces con bastantes arquitectos que escri-ben, que o tienen un empacho de filosofía mal digerida o tomaron de Le Corbu-sier o de Rem Koolhaas lo que éstos no tienen: saber escribir. No es un ensayo, sino dos; además, resultan interesantes y útiles.

Comprenderán que el hecho de que el texto que ahora se publica no sea una tesis no me preocupe lo más mínimo. No hay una tesis única, hay ideas. No hay investi-gación explícita, metodológicamente "correcta", hay aquello que interesa de la investigación, sus resultados, informaciones y argumentos variados, poliédricos, que forman un excitante mosaico de reflexiones sobre la ciudad actual, sus arquitectu-ras y sus formas, y sobre los procesos económicos y culturales que están en su base. No hay una conclusión única, autosatisfecha de un rigor formal que es el resultado de un estreñimiento mental, sino conclusiones que abren caminos en vez de cerrarlos, caminos para andar hacia horizontes abiertos.

No es un ensayo, son dos. El primero es una síntesis, con argumentos fuertes, con citas inteligentes, con fórmulas originales. Se analizan los elementos que son comu-nes a las ciudades actuales, de Europa y de América especialmente, y los procesos de globalización. Se describe la banalización de la arquitectura, su función mediáti-ca al servicio del *voyeurismo* de la arrogancia del poder, de la publicidad de las gran-des empresas y del narcisismo de los divos de la firma. Se contrapone la "macdo-naldización" y "disneylandización" de proyectos urbanos ilusoriamente renovadores a la conveniencia de mantener y desarrollar elementos de identidad, de que cada ciudad muestre su "diferencia" en aras de su capacidad de atractivo global y de marcar emblemáticamente el territorio para estructurar y cohesionar, tanto de un modo simbólico como físico la ciudad metropolitana.

Se establece una inteligente distinción entre la ciudad (real) metrópolis, con un poder atractivo a escala mundial, y el concepto de ciudad (virtual) global, que es una red de fragmentos de ciudades articulados en redes más o menos mundializadas. Critica la tendencia a convertir la ciudad en un parque temático y el urbanismo que produce "productos" determinados por el mercado. Ironiza acerca de los nuevos monumentos de *shoppings*, centros de ocio y gasolineras.

Esta ciudad escenográfica tiene otra cara: la de la exclusión social, la de la pobreza excluida contigua a la riqueza excluyente. El ocio no es igual para todos. Para unos es placer, diversión, aventura, para otros, desocupación y marginación, sin otra aventura que la supervivencia cotidiana.

El segundo ensayo, centrado en la ciudad de Buenos Aires, es una aplicación concreta de los análisis planteados en general; y algo más. A partir de las mejores investigaciones recientes sobre la capital porteña, como las de Adrián Gorelik y Graciela Silvestri y de Eduardo Reese y Andrea Catenazzi, se expone una certera síntesis sobre la ciudad que posee la mejor trama urbana de América Latina, donde el dominio depredador del capitalismo financiero no ha conseguido matar su extraordinaria vitalidad ciudadana. Sin embargo, dos procesos paralelos han herido profundamente a la reina del Río de la Plata.

Por una parte, la pobreza que antes estaba presente en el conurbano, ha invadido ahora la ciudad. La debilidad de las políticas públicas no ha garantizado siquiera el mantenimiento de la extraordinaria calidad de sus espacios públicos y de la mayoría de sus equipamientos y edificios emblemáticos. Los servicios públicos se han deteriorado, o privatizado, y ahora sólo están disponibles para los sectores que pueden pagarlos. La inseguridad ha aumentado en progresión geométrica, o logarítmica. La progresiva "dolarización" de la economía ha vuelto inaccesibles los créditos hipotecarios y la renovación del parque de viviendas, en tanto que la demanda solvente se estrechaba. Sólo el milagro debido a una ciudadanía con un alto grado de iniciativa social y cultural ha mantenido el tono vital de la ciudad.

El otro proceso, objeto de análisis detallados por parte de Muxí, se refiere a los "Proyectos urbanos" de calidad ostentosa, los vinculados a la mímesis globalizadora y que producen los inevitables efectos duales, siendo, en cambio, muy discutibles sus efectos sobre la competitividad y la creación de riqueza social. Se analizan las nuevas formas de crecimiento fragmentado de las periferias mediante los *countries* y, más recientemente, los "barrios cerrados", guetos propios de los miedos y los afanes de distinción de la clase alta y medio-alta, donde se rompe la continuidad ciudadana y se empobrece el espacio público como unificador del conjunto de la ciudad. La ciudad del miedo es la otra cara de la desigualdad social; el espacio público no se identifica con la democracia ciudadana, como corresponde a la mejor tradición urbanísitica, sino con el riesgo, el rechazo a los "otros", a los pobres. Su brillante análisis del *marketing* de estos productos urbanos haría reír si no fuera socialmente escandaloso e intelectualmente miserable.

Asimismo, expone críticamente otros grandes proyectos, más específicos pero muy significativos de los productos urbanos propios del capitalismo financiero global.

La "nueva ciudad" del Tigre, Nordelta, proyecto ampuloso, al límite del ridículo, que se viste de ropajes ecológicos para proponer un modelo (horrible) de vida de balneario suizo para las clases acomodadas que quieran desterritorializarse de la vida urbana. El fantástico delta de intenso uso popular inicia, así, su camino privatizador.

La operación del Mercado Central, el histórico Abasto, es, en cambio, una operación integrada en el tejido histórico del centro de la ciudad, el barrio de Gardel, zona de alta animación comercial y de alta densidad residencial de las clases populares y medias. La lógica urbana de la sociedad que preside el financiero Soros, como demuestra la autora, no es muy distinta. El *shopping* con centenares de tiendas y actividades de ocio es un enclave que utiliza la escenografía física y simbólica como una incitación al consumo para sectores de ingresos más altos que los del entorno social, cuya mirada sobre el antiguo Abasto no debe ser muy distinta que la que dirigen los habitantes pobres del conurbano sobre los barrios cerrados y *chic*.

El tren de la Costa es otra operación característica del urbanismo consumista al servicio de los colectivos sociales solventes y de los intereses de los promotores inmobiliarios. Una operación valorizadora y desarrolladora del frente litoral del norte de la ciudad, de la zona cualificada que ya fue objeto de la propuesta urbanística del "menemismo" y que con el tren se extiende por los municipios residenciales adyacentes a la ciudad de nivel alto y medio. Mientras esta iniciativa que en sí puede considerarse graciosa pero que tiene un objetivo claramente especulativo y de escaso valor productivo, se consolida, el proyecto para el Sur, el gran desafío urbano que tiene la ciudad en su frente sur y el Riachuelo, que ofrece, en teoría, una gran oportunidad para el crecimiento económico y urbano y para la generación de riqueza y de empleo, permanece estancado, no ofrece beneficios privados inmediatos y exige una iniciativa pública potente.

No ocurre así en Puerto Madero, la operación de renovación urbana en el viejo puerto, una extraordinaria oportunidad de generar un área de centralidad junto al centro actual, 170 ha en una localización privilegiada, que permitían un desarrollo integral de equipamientos, oficinas y comercios, pero también viviendas con tipologías y poblaciones diversificadas. El primer plan, de vocación pública y desarrollo progresivo y equilibrado, fue dejado de lado mediante la gestión por proyectos, lo cual ha llevado a crear un nuevo enclave para *yuppies*, oficinas, comercios y restaurantes para minorías selectas, dejando a la mayoría de la ciudadanía reducida a meros *voyeurs* de un urbanismo presuntuoso que utiliza, evidentemente, la magnífica calidad de los viejos edificios portuarios y la belleza de unos espacios públicos que han sido, hay que reconocerlo, rediseñados con esmero y con una inteligente simplicidad. La arquitecta Muxí reconoce la ambigüedad del proyecto y califica acertadamente de arquitectura "corporativa" esta tentativa de "sobrecentralidad" por medio de la acumulación de edificios de oficinas de empresas multinacionales principalmente, o del capitalismo monopolista de Estado (la patria contratista), arquitecturas estruendosas formalmente, piezas aisladas que no buscan integrarse en el tejido urbano definido que tienen al lado, y que sólo se salvan por la calidad heredada del entorno del antiguo puerto.

El trabajo de Zaida Muxí termina con una conclusión abierta, lo cual es de agradecer si se tiene en cuenta el origen doctoral del mismo. Y no puede ser de otra manera. El desafío al que se enfrenta hoy la cultura urbanística es hacer ciudad en las periferias, en vez de multiplicar segmentos aislados y especializados, solamente unidos por la red viaria. La autora critica acertadamente las operaciones que expresan la sumisión de los poderes públicos (y de los profesionales) a los intereses capitalistas más a corto plazo, y las opone a la cualidad de la ciudad compacta y heterogénea producida por la historia, esta historia que contiene el tiempo, incluso el de la contemporaneidad. La cultura urbanística sabe hacer ciudad sobre la ciudad y, por ello, Muxí puede hacer una crítica a los proyectos urbanos en el tejido existente que contiene la alternativa. Pero lo que aún no sabemos cómo hacer es la ciudad "metapolitana" y, en este caso, la autora no nos engaña, nos ofrece un análisis crítico lúcido, nos muestra los efectos dualizadores de los urbanismos dominantes y nos indica caminos para ir construyendo ideas globales aplicables a estos nuevos territorios. Si plantear bien un problema es ya proponer la mitad de su solución, hay que reconocer que, incluso en esta dimensión, hasta ahora poco elaborada por la cultura urbanística, el trabajo de la arquitecta Muxí es una aportación interesante. En fin, la autora queda absuelta del pecado de haber utilizado una tesis para publicar un libro. Y si pecado hubiera, el esfuerzo de haber convertido una tesis en un libro que se hace leer, la libraría de toda culpa. Pues el libro es una buena obra, en todos los sentidos.

Arquitectura y globalización

Empecé este trabajo en 1998, cuando la palabra 'globalización' comenzaba a sonar en términos masivos, sin que tuviera una acepción clara. Fue a partir de las protestas de Seattle contra la Organización del Comercio Mundial (1999), cuando se hizo visible un malestar generalizado, que entiende que las políticas económicas productivas propugnadas desde la liberalización del comercio, la eliminación de fronteras productivas y comerciales —aunque no para los seres humanos— y la eliminación de los controles estatales para la regularización del trabajo provoca una desigualdad creciente. Las TIC (Tecnologías de la Información y Comunicación) podrían resultar muy beneficiosas para eliminar distancias y fronteras, pero aquellas protestas pusieron de manifiesto que, en la mayoría de los casos, su aplicación sólo ha servido al beneficio de unos pocos, que son cada vez menos, y a la exclusión de muchos.

El tiempo transcurrido hasta hoy nos ha dejado ver que las denuncias contra el sistema instaurado de exclusiones crecientes se han convertido en una constante y en un frente ciudadano de lucha ante los grandes poderes fácticos. El reflejo de la globalización en las diferencias e injusticias queda expuesto claramente en las denuncias constantes de la esclavitud infantil, en la supresión de derechos laborales, en la destrucción de bienes naturales y culturales.

Este libro constituye una afirmación de que este modo de actuar va asociado a una forma de apropiación del territorio, una forma de hacer ciudad y una arquitectura propia. Es necesario revelar y conocer sus mecanismos para entender cómo lo global hace desaparecer gradualmente lo local, en beneficio de sus intereses y con propuestas clonadas que se esparcen por todo el planeta.

El trabajo se realiza desde la convicción de que ni los hechos arquitectónicos, ni menos aún los hechos urbanos, se producen aislados de una realidad política, social, económica y tecnológica. Para ello me baso en las premisas de la tradición marxista: el efecto de las infraestructuras productivas y económicas sobre las formas de la ciudad y el territorio, tesis de Karl Marx y Friedrich Engels, que se han ido actualizando hasta las teorías de, entre otros, Aldo Rossi o David Harvey.

Al modelo racionalista generado en la primera mitad del siglo XX con relación a la fase taylorista y fordista del capitalismo, le ha seguido el modelo de la ciudad global, generado por la fase contemporánea del capitalismo posindustrial o la globalización.

A partir de estas premisas los métodos de distintas disciplinas se cruzan en el libro: la crítica de arquitectura, la teoría urbana y las ciencias sociales, especialmente la sociología. Dicho punto de vista, en el que se anudan arquitectura, urbanismo y sociología, comporta un análisis inédito de los productos urbanos donde se prima el estudio de la arquitectura en serie, que, si en la anterior fase del capitalismo fueron las *Siedlungen* o los polígonos, ahora ha pasado a ser la arquitectura de los barrios cerrados y de los centros comerciales. Todo ello conduce a una crítica neomarxista desde la que no se juzga la arquitectura de autor, sino aquella que transforma cuantitativa y cualitativamente el territorio y los modos de vida. Aquella que conforma el hábitat urbano, que crea la ciudad futura y la conciencia de lo que la sociedad desea, cómo quiere vivir y, por tanto, en su peso radica la importancia de su estudio, de intentar desvelar su discurso y sus modelos.

El libro se estructura en una primera parte de aproximación a la globalización en tanto que procesos económicos y sociales que afectaron la vida y la definición espacial urbana a finales del siglo XX. Entendiendo la globalización como proceso que se caracteriza por tres aspectos:

1. Dominio de la fuerza del mercado y las decisiones empresariales en un mundo-red con nodos principales, generando áreas de privilegio fragmentadas en todo el planeta.[1]
2. Descompromiso político con la realidad social, derivado de un convencimiento de que la estrategia de mercado resuelve los problemas urbanos, enmascarando las diferencias sociales y la lucha de clases.[2]
3. Cambio productivo que deriva en la primacía de la producción de servicios terciarios como fuente primordial de recursos urbanos y en la festivalización de la vida urbana.[3]

La segunda parte del libro se subdivide en otras tres que intentan determinar las áreas funcionales globales dentro de la ciudad:

En las *formas de habitar* se demuestra que se ha provocado un quiebre en la historia urbana con la aparición de ciudades fortificadas o cerradas, cuyos resultados urbanos y sociales son ya visibles en la dualidad, segregación y abandono de la que son víctimas numerosas áreas urbanas.

La recualificación urbana se produce a partir de *espacios para el consumo*, propuestos de modo ambiguo y cada vez más predominantemente como espacios para el tiempo libre, el ocio y el entretenimiento.

[1] Sassen, Saskia, *La ciudad global: Nueva York, Londres, Tokio*, Eudeba, Buenos Aires, 1999; Castells, Manuel, *La ciudad informacional. Tecnologías de la información, reestructuración económica y el proceso urbano regional*, Alianza Editorial, 1995.
[2] Navarro, Vicenç, *Globalización económica, poder político y estado del bienestar*, Ariel, Barcelona, 2000.
[3] Hannigan, John, *Fantasy City, Pleasure and Profit in the Postmodern Metropolis*, Routledge, Londres/Nueva York, 1998.

Y la imagen más internacional y tecnológica de las ciudades es la *recualificación de grandes áreas de infraestructuras urbanas* en desuso para la instalación de los *símbolos corporativos de la globalización*.

He adoptado como posición la interpretación de la actualidad poniendo más énfasis en la crítica a estos fenómenos actuales que en el análisis de sus raíces históricas.

Más allá de cuestiones personales, aunque definitorias, la razón de la elección de Buenos Aires como objeto de estudio reside en el interés que tiene observar cómo afectan las dinámicas de la globalización a las ciudades situadas en las periferias del sistema global. Los procesos de destrucción, disgregación y pauperización de una parte de la ciudad y de sus habitantes —que se produce simultáneamente a la opulencia, la regeneración y la riqueza de otra parte de la ciudad y sus habitantes—, representa un caso claro de estudio. En sociedades económica, social y políticamente frágiles, los efectos negativos y perversos de la situación actual son más exagerados y, por tanto, más nítidos. Una prueba obvia fue la que se puso de manifiesto en la crisis de finales de 2001 en Argentina, que deshizo el espejismo de los números de la macroeconomía.

Por ello, propongo al lector que trace un juego de símiles y paralelismos sobre su propia realidad a partir de la que aquí se propone como ejemplo no exclusivo: Buenos Aires.

Dentro de las semejanzas, la globalización y sus resultados arquitectónicos no son iguales en todo el mundo. Se podrían considerar tres grandes grupos o modos de adaptación: Estados Unidos como generador de los modelos; Europa como lugar donde la implantación de estos modelos se matiza y sosiega por la historia, la conciencia crítica de la sociedad y el peso de la tradición, o la inercia de una sociedad tradicional; y, por último, Asia, África y América, al sur del Río Grande, donde la réplica del modelo no encuentra mayores trabas, se busca lo parecido y la identidad con imágenes de Primer Mundo, en la creencia de que, así, se es parte del planeta privilegiado. No identificar lo local y los hechos diferenciales, ni tampoco buscar sus propios mecanismos de ingreso en las nuevas pautas económicopolíticas, ha provocado un ahondamiento en la segregación y la desigualdad de todas las sociedades, especialmente en las del Tercer Mundo.

La globalización o mundialización es fundamentalmente un proceso económico, productivo y tecnológico que, como tal, influye en todos los ámbitos de la acción humana, transforman los modos de producir y, con ello, los valores éticos y morales; los cambios que genera no quedan circunscritos a una esfera etérea y amorfa. Las formas siempre transmiten valores, y la estética, por lo tanto, es también una ética. Los nuevos valores tienen diversas representaciones formales e intervienen en la construcción de la ciudad. La ciudad es el espejo material de las circunstancias sociales, políticas y económicas. La arquitectura de la globalización tiene una identidad difusa, su ubicuidad no la arraiga ni relaciona con ningún lugar. Una arquitectura con una imagen tan limpia, esterilizada y transparente que no parece real, sino ajena a este mundo. Una perfección de maqueta hiperreal que ayuda al distanciamiento del lugar.

La globalización de la economía, la producción y la comunicación tiene claras configuraciones urbanas, cuyas imágenes y funciones se imponen a realidades y situaciones diversas. De esta forma de hacer podemos deducir que la construcción de la ciudad se considera otro producto global, que ha dejado de ser competencia de los gobiernos locales para ser pensada por grupos empresariales a través de operaciones a gran escala. Consiste en una arquitectura y una manera de hacer ciudad cuyo modelo es el que ha utilizado la sociedad norteamericana para construir su identidad, su tradición y su historia. El proceso no es automático, ni inicialmente literal, pero poco a poco se toman los modelos de producción, de apropiación del territorio y de creación basados en la pura imagen.

En Estados Unidos, la cultura de usar-y-tirar y del simulacro se encuentra arraigada, le es propia y, por tanto, se la considera real. El simulacro en la construcción de su historia y de su entorno es una constante: un edificio puede ser "gótico" o "renacentista" simplemente por una cuestión de piel, de imagen, independientemente que haya sido construido en el siglo XIX o XX, en otra realidad y con otra tecnología. El tiempo y el lugar pierden sentido cuando el mundo se resume en formas sin referente.

La escenificación de su propia historia se explica por la influencia del relato cinematográfico en la construcción del imaginario colectivo. El cine ha generado no sólo mitos, sino que ha significado la construcción de la historia y de la identidad a través de un decorado. De esta manera se conforma una sociedad de la imagen que necesita ver para creer que algo ha ocurrido. Así, en la colonia Williamsburg se escenifica la vida diaria de los habitantes en los años cercanos a la independencia (1776). La colonia Williamsburg como icono histórico se remonta a la década de 1930, cuando Rockefeller compró y restauró el pueblo. A partir de entonces, los

trabajadores-habitantes de la colonia realizan sus actividades, generalmente comerciales, vestidos como si vivieran en el siglo XVIII. Este decorado simbólicamente histórico otorga autoridad moral al lugar así representado, aunque para ello se haya recurrido a banalizar el original. En Coral Gables, Miami, la piscina remedo del Ponte Rialto de Venecia y una falsa Giralda de Sevilla asomando entre los árboles ofrecen el aval "histórico" a un barrio de principios del siglo XX que, de ese modo, pasa a ser valioso. Propuestas escenográficas de este tipo pretenden resumir el ideal de conjugar ventajas de la modernidad sin renunciar a la historia. La historia como simulación de ella misma se considera verdadera y, por tanto, válida para semantizar el nuevo proyecto. La eliminación de una concordancia de tiempo y lugar para la autenticidad o veracidad de las formas construye un presente basado en la suma de fragmentos, cuya única relación es la aleatoriedad y el azar escenográfico.

Izquierda:
Colonia Williamsburg.

Abajo:
Coral Gables, Miami.

Si en su propuesta para Epcot Walt Disney pretendía imaginar y extender la idea de la ciudad del futuro, en un simulacro de lo por venir, en la colonia Williamsburg encontramos la historia representada. En ambos casos, pasado y futuro pretenden transformarse en reales, existir como realidad, y formar, así, memorias, conductas y deseos. La colonia Williamsburg es, por tanto, un ejemplo que muestra que ya no es suficiente ver la historia a través de una pantalla, sino que hay que vivirla y experimentarla.

"Las reconstrucciones 'naturales' e 'históricas' son cada vez más populares entre el público que ya ha superado la etapa de los parques temáticos al estilo Disneylandia. Williamsburg, en Virginia, es una elegante reproducción de un pueblo sureño de los tiempos de la Revolución [...]. Esta autenticidad escenificada se está convirtiendo en norma en muchos lugares de Estados Unidos".[4]

La dominación de la naturaleza y de cualquier imprevisto, el "no riesgo", y la necesidad de sentirse contenidos por un espacio previsible y sin diferencias son características sociales que también definen la arquitectura que se produce y se propaga.

Si en Europa se pueden encontrar ejemplos donde no todo se mide de un modo inmediato y monetario, es debido al peso específico de la sociedad, más exigente y crítica, que logra resultados tanto arquitectónicos como urbanos de más calidad. Sin embargo, sería ingenuo pretender que todo es ejemplar. Sobran los casos negativos de "museificación" y "topificación" turística de centros urbanos como Venecia y, más recientemente, Praga, como también el crecimiento de la ciudad dispersa y suburbial basada en áreas funcionales segregadas y redes para el transporte privado. Entre los casos más positivos cabe señalar la recuperación para uso comunitario de áreas degradadas o de fábricas obsoletas, como es el ejemplo en la cuenca del Ruhr de la IBA (Internationale Bauausstellung Emscher Park, 1989) que demuestra que la

Derecha y abajo:
Cuenca del Ruhr de la IBA (Internationale Bauausstellung Emscher Park, 1989)

4 Rifkin, Jeremy, *La era del acceso. La revolución de la nueva economía*, Paidós Ibérica, Barcelona, 2000.

única salida no es aquella que marca la relación empresarial de coste-beneficio, sino que es posible responder al tiempo y a la sociedad actual sin recurrir a la escenografía. El contenido no es el simulacro de una historia deseada y supuesta, sino una propuesta que concuerda con los tiempos y las necesidades reales de una región que se encontraría en retroceso económico si no fuera por decisiones políticas a partir de las cuales es posible transformar positivamente un proceso de decadencia. Espacios que aúnan propuestas arquitectónicas y conciencia ecológica.

En los núcleos de concentración de riquezas de Asia, África y América Latina y considerando que cada país tiene sus peculiaridades y diferencias, se hacen más manifiestas las nuevas maneras de representación de la dualidad social y económica. Las fuerzas divergentes de las finanzas sobre la ciudad se muestran más dañinas y exageradas.

En América Latina, la experimentación de cada nueva práctica urbana y arquitectónica que aparece en el panorama occidental forma parte de su historia; los restos inacabados del laboratorio americano[5] van quedando como palimpsestos sobre la trama urbana. Contemporáneamente, se convierte también en escenario de dos opuestos de difícil conciliación y de fuerzas desiguales. Por un lado, el interés común, el intento de recuperar la ciudad, el tejido urbano, social y productivo; y, por el otro, los sectores más mercantilistas de la sociedad del *laissez faire,* que toman una actitud negativa, destructiva y "vampirizadora" frente a lo colectivo y a la ciudad.

La aplicación de los modelos arquitectónicos se contamina de lo local de diferentes modos: en las viviendas, en los centros comerciales o en los edificios corporativos. Contaminaciones o injerencias que tienen que ver con reutilizaciones de edificios existentes como referencias, y con las trabas constructivas, tecnológicas, económicas o normativas que impiden o dificultan la implantación exacta de productos acabados. De todas maneras, en las ciudades del Tercer Mundo predominan cada vez más los proyectos que se "fabrican" en estudios de arquitectura estadounidenses y que, al llegar al país de implantación, sufren una suerte de "traducción". Gracias a dichas trabas, el papel que les queda a los profesionales locales en la construcción de esta nueva forma urbana es el de traductores de planos y normas.

Según este modelo de autentificación mediática, hemos llegado a la actual evidencia de que, para que algo exista tenga que pasar por los medios de comunicación de masas, preferentemente la televisión y el cine. Esta cultura mediática ha encontrado en la nostalgia el elemento perfecto para su modelo arquitectónico residencial, en correspondencia con la idea de que el pasado siempre fue mejor.

[5]   Fernández, Roberto,
      El laboratorio americano.
      Arquitectura, geocultura
      y regionalismo, Editorial
      Biblioteca Nueva, Madrid, 1998.

La eterna desilusión por el paraíso perdido se transforma en la añoranza de una idealizada ciudad del pasado, tranquila, humana y sin temores, que ha llevado a que muchas pretendidas recuperaciones sean sólo una ficción de cartón piedra. Un simulacro que se instala para convertirse en realidad; una búsqueda de ciudades de iguales, de casas nostálgicas, de espacios controlados que separan al extraño, al "otro", que se convierte en elemento peligroso. En el reconocimiento del "otro" puede haber diferentes y ambiguas definiciones, desde cuestiones económicas, étnicas, culturales y sociales. Lo que, sin embargo, es fundamental e inequívoco es que quien "ni posee ni consume" es el "otro", y es el peligroso.

La propuesta genérica es vivir en una burbuja que adquiere variadas formas y usos pero que, básicamente, consiste en espacios simulados y protegidos. La apariencia de lo que se quiere ser y la tecnología aplicada al control.

1. Globalización económica y ciudad

En la última década del siglo XX, la nueva situación tecnológica y económica ha transformado la estructuración sociopolítica a escala mundial, caracterizada por la disolución de las fronteras y los controles de los Estados, a favor de la autonomía de las empresas multinacionales, cuyas estrategias comerciales y económicas incidirán fuertemente en las realidades urbanas. Esta situación ha conducido a pugnas entre las ciudades para conseguir ocupar un lugar en las nuevas redes de producción y, en consecuencia, la ciudad se presenta como si de un individuo aislado se tratara, contradiciendo, por tanto, la idea de red como estructura de funcionamiento.

Las estructuras económicas dominantes desde la revolución industrial en 1750 hasta mediados del siglo XX, estaban determinadas por la capacidad de producción de un país, de su producto elaborado. Una primera etapa de globalización de los transportes permitió que los excedentes de producción inundasen mercados no productivos. Posteriormente, ha permitido la descentralización de la producción en función de los costes de la mano de obra y de los impuestos. Si bien en un primer momento de este proceso económico los principales países productores generaron leyes protectoras para mantener la producción en su territorio, el tiempo y el desarrollo de las comunicaciones informatizadas han demostrado que el poder está en la conducción de los procesos de producción, con el mantenimiento de las sedes emblemáticas de las empresas, y no en la producción. Desde el centro de control se conceptualiza el producto, se crean las ideas y las imágenes, que son lo que realmente se compra y se vende en la nueva economía. La producción se segmenta por todo el planeta, allí donde las condiciones laborales sean más propicias para obtener beneficios industriales.

"Nike vende conceptos. La empresa establece contratos con fabricantes anónimos del sureste asiático para que produzcan la forma física de sus conceptos. Esta nueva forma de hacer los negocios en el estilo red, destacando el hecho de que son los proveedores sin nombre quienes, de hecho, producen los productos físicos, que, en determinadas ocasiones, puede suponer la explotación de los trabajadores".[1]

Según el discurso de la globalización, actualmente el poder económico de una ciudad radica en la producción no tradicional de conceptos e ideas que se reflejan en las tecnologías de la información y en los servicios que éstas necesitan: finanzas, seguros, publicidad y *marketing*. Como resultado, el lugar productivo de la ciudad es la terciarización de su economía que, en la mayoría de los casos queda reducida a

Cartel en defensa de la conservación de puestos de trabajo en EEUU frente a la competencia de China.

[1] Rifkin, Jeremy, *La era del acceso. La revolución de la nueva economía*, Paidós, Barcelona, 2000.

EL
LIBRO DE LAS MENTIRAS

servicios de servidumbre y deja, de un modo muy peligroso, la producción de bienes en manos de unos pocos productores mundiales.

Los avances en el sistema productivo, facilitados por la mejora en los medios de transporte, la informática y las telecomunicaciones, proveen los mecanismos necesarios para cambiar la manera de producir objetos de consumo: de una masificación indiferenciada de producción territorializada a una masificación diferenciada de producción desterritorializada. La lejanía del lugar de producción respecto al del consumo facilita la falta de conciencia social, al tiempo que las campañas de publicidad se encargan de generar necesidades globales. Este modelo de producción no tiene en cuenta el coste de la sostenibilidad del planeta, y el expolio de bienes naturales y humanos se produce en lugares tan alejados del consumidor final que éste no llega a tener conciencia de la existencia de estos procesos destructivos.

Bajo la imagen de pluralidad en la oferta de bienes de consumo se esconde una esquematización social a escala planetaria. La reducción de los productores y la ampliación del mercado permite generar la ilusión de pluralidad en la oferta. Grandes proyectos de *marketing* y propaganda dominan la voluntad social a nivel mundial, sin que importe que se dirijan a sociedades de orígenes y momentos culturales e históricos diversos y distintos.

La dispersión territorial que permiten los nuevos medios hace necesario que existan lugares centrales y emblemáticos desde donde dirigir las operaciones. En esto consiste el papel de las ciudades globales: intentar alcanzar el rango de ciudad de "comando" ha significado la aparición de estrategias-espectáculo para lograr su posicionamiento dentro de esta estructura económica global.

El desafío consiste en encontrar, potenciar y desarrollar el papel de cada ciudad en el contexto de la globalización. Por ello, al tiempo que las ciudades intentan mantener identidades locales como señas particulares, también pugnan por atraer la atención de lo global. Cada ciudad busca su singularidad diferencial, tratando de acaparar la mayor variedad de ofertas en negocio, ocio y comercio, y así lograr una posición de supremacía. Paradójicamente, la búsqueda de atractivos para conseguir las inversiones globales ha provocado que, en muchos aspectos, las ciudades se asemejen cada vez más y pierdan sus peculiaridades, poblándose de iconos de la modernidad global.

La ciudad conectada se convierte en emblema de su posicionamiento: está presente en los medios de comunicación y tiene conexiones en la red de flujos. Es aquí donde la ciudad vuelve a cumplir un papel fundamental en la organización espacial

Singularidad diferencial: tratando de acaparar la mayor variedad de ofertas en negocio, ocio y comercio, y así lograr una posición de supremacía.

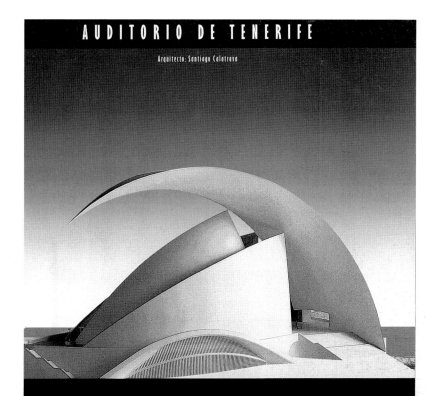

del mundo, frente a todos los discursos que presagiaban el fin de la ciudad, vaciada de contenido y razón de ser como resultado de la comunicación, el trabajo y el acceso al mundo a través de los ordenadores y los sistemas informáticos que posibilitan y favorecen la dispersión.[2] El fin de la ciudad del encuentro real, en beneficio de su homónima virtual, ha quedado para la ciencia ficción. Sin embargo, no son las ciudades en su totalidad las que se integran en la megaestructura o tejido planetario invisible, sino determinadas zonas de las mismas; es, en este aspecto, que puede considerarse que se produce una desaparición de la ciudad real en beneficio de la ciudad virtual conectada.

Según Saskia Sassen,[3] existen ciudades principales dentro de este nuevo juego por el poder, ciudades que tienen en su territorio una mayor concentración de empresas dedicadas a la información y a las finanzas, unido a los servicios adyacentes a estas actividades principales, como son los seguros, las empresas de comunicación y *marketing*. Por tanto, las ciudades globales son lugares clave para el desarrollo de los servicios avanzados que precisan de las telecomunicaciones para implementar y dirigir las operaciones de una economía global. En ellas se concentran las sedes de las principales empresas, y las de aquellas que generan los servicios imprescindibles para el desarrollo de los sistemas operativos que permiten la existencia de un centro de comando único. El crecimiento de los fondos de inversión internacional y los movimientos de la bolsa ha comportado un aumento de recursos financieros y servicios en las principales ciudades.

Se establece un nuevo marco de relación para las ciudades —la pertenencia o no a la red global—, independientemente de su contexto territorial y nacional. La red es una estructura cambiante de relaciones informatizadas que permiten la determinación de la actividad desde la lejanía y la acción simultánea de protagonistas alejados en el espacio, comunicados e interactuando en tiempo real. Una estructura no visible que está formada, principalmente, por las relaciones creadas entre las empresas.

Esta estructura en red, formada por las áreas globales interiores de las ciudades se inserta, a su vez, en diferentes marcos de acción regionales, el primer punto en donde las ciudades deben ganar supremacía para luego acceder a una competencia global. Estos marcos regionales están determinados por acuerdos económicos, comerciales y productivos que crean nuevas uniones territoriales, como la Unión Europea, Mercosur, NAFTA. Curiosamente, al tiempo que los estados-nación pierden peso, se consolidan superestructuras que están basadas, principalmente, en

[2] Mitchell, William J., *E-topía*, Editorial Gustavo Gili, Barcelona, 2001; Mitchell, William J., *City of Bits. Space, Place, and the Infobahn*, The MIT Press, Cambridge (Mass.), 1995.

[3] Sassen, Saskia, *La ciudad global: Nueva York, Londres, Tokio*, Eudeba, Buenos Aires, 1999; Sassen, Saskia, *Cities in a World Economy*, Pine Forest Press, Thoussand Oaks (Cal.), 1994.

acuerdos económicos y comerciales. Este proceso modifica también las relaciones sociales en las ciudades y provocan un mayor distanciamiento entre sectores dentro de las propias ciudades: entre los conectados con la economía global y los que no lo están. Los derechos civiles desaparecen y dejan paso a relaciones que están marcadas por contratos mercantiles y a la aparición de espacios de la vida urbana privatizados.

"Los valores de las esferas política y cultural se han ido mercantilizando progresivamente, y han sido arrastrados hacia la esfera económica.

Los conceptos de participación democrática y derechos individuales se trasladaron con éxito al mercado, donde renacieron en forma de soberanía y derechos del consumidor. Para millones de estadounidenses, los derechos de comprar y poseer se han convertido en expresiones de la libertad individual mucho más significativas que acudir a las urnas a ejercer su derecho al voto".[4]

Las fuertes desigualdades territoriales y sociales que ha generado la impronta de la globalización en la determinación formal de la ciudad, hacen que, aún hoy, las palabras que escribiera Nicolás Maquiavelo en *El Príncipe* resulten actuales:

"El que se hace señor de una ciudad acostumbrada a vivir libre, y no descompone su régimen, debe contar él mismo con ser derrocado por ella. Para justificar semejante ciudad su rebelión, tendrá el nombre de la libertad, y de sus antiguas leyes, cuyo hábito no podrán hacerle perder nunca el tiempo ni los beneficios del conquistador. Por más que se haga [...], si no se desunen y dispersan sus habitantes no olvidará ella nunca aquel nombre de libertad ni sus particulares estatutos [...]. Pero cuando las ciudades o las provincias están habituadas a vivir bajo la influencia de un príncipe, como están habituadas por una parte a obedecer y por otra carecen de su antiguo señor; no concuerdan los ciudadanos para elegir otro nuevo; y no sabiendo vivir libres son más tardos en tomar las armas. Se puede conquistarlos (especialmente cuando se dice que se traen la libertad y la igualdad al pueblo) con más facilidad y asegurar la posesión suya".[5]

4   Rifkin, Jeremy, *op. cit.*
5   Maquiavelo, Nicolás, *El príncipe* [1512] comentado por Napoleón Bonaparte, Espasa Calpe, Madrid, 1990.

■ Ciudad dentro de la ciudad

La ciudad global no es única, ni tampoco un grupo de ciudades, sino que son fragmentos interiores en diferentes ciudades especialmente bien comunicados, tanto real como virtualmente, con las otras áreas globales. En este sentido, la ciudad global es una ciudad virtual en tanto que se constituye a partir de áreas separadas en el espacio físico pero unidas en el espacio de la comunicación y los flujos.

En la década de 1970, la cultura arquitectónica europea planteó discursos de recuperación de la ciudad como espacio público —lugar de encuentro y creador de sentido—, frente a la ciudad dividida en áreas funcionales promovida por el movimiento moderno. En la misma época, ciudades como Baltimore o Boston afrontaron la recuperación de las áreas funcionalmente obsoletas de sus puertos para convertirlas en espacios de entretenimiento, esto es, de ocio y de consumo.

La crisis económica de principios de la década de 1980 hizo posible que las ciudades se presentaran como *tábulas rasas* para la implantación de los emblemas de nuevos flujos de capital. La decadencia funcional de las infraestructuras de transporte y de producción situadas en áreas centrales, con el consiguiente deterioro económico y social, fue el detonante de importantes transformaciones urbanas: los centros que recuperan y escenifican la historia de la ciudad, los suburbios utópicos y sedados, los parques temáticos de ocio y consumo, los edificios corporativos y las redes de comunicación, desde aeropuertos a autopistas, configuran una ciudad segmentada, fragmentada y sin identidad propia.

Abajo:
Parques temáticos de ocio y consumo

Izquierda:
Suburbios utópicos y sedados

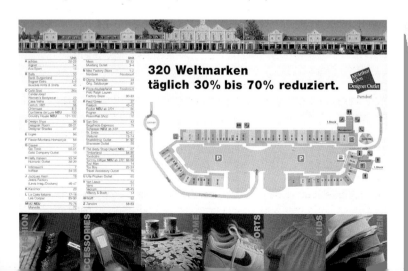

En la mayoría de las intervenciones, el modelo que ha tenido mayor fortuna ha sido el de la recuperación escenográfica y consumista, y ha sido aplicado tanto a los puertos como a la interpretación de la ciudad como decorado histórico para las industrias globales. Los emblemas urbanos para captar la atención se programan de espaldas a la ciudad y a la ciudadanía, en un nuevo ajuste de fuerzas donde los gobiernos de las ciudades han dejado que otros las piensen por ellos. La ciudad se entiende, simplemente, como un negocio o una mercancía, y no como un complejo producto social, político y económico.

La ciudad es el lugar de la interacción de flujos y en la ciudad de la globalización se exacerba la importancia de un tipo de corriente específica. La mejora de las infraestructuras para los flujos de comunicación y de información se realiza bajo la presión de un mayor flujo económico y laboral allí donde confluyan las telecomunicaciones, las autopistas digitales y reales y las estaciones multimodales. Las infraestructuras se piensan y se entienden desde una macroescala que sólo considera la velocidad y la rapidez como virtudes, pero que se alejan de la cotidianidad urbana. Las cifras de previsión futura para el aprovechamiento de unas tecnologías que rápidamente quedan obsoletas, el consumo irrecuperable de territorio y la pérdida de la capacidad productiva en el ámbito local son números que no intervienen en la ecuación de las grandes infraestructuras, gastos que se presentan como imprescindibles de cara a la modernización de una ciudad cuando benefician principalmente el rápido movimiento de los flujos de capital. Las ganancias que estas inversiones revierten en la ciudad no están realmente comprobadas, pues consisten en grandes inversiones públicas que sirven para desarrollar intereses sectoriales, sin extrapolar suficientemente la relación entre el gasto en infraestructuras y el resultado económico real para la ciudad.

"La expansión planificada por Disneylandia para el próximo milenio agotará millones de dólares de los fondos locales y del Estado para desarrollar infraestructuras y autopistas que permitan que el parque sea más accesible para los visitantes y, por consiguiente, más lucrativo para Disney. A raíz del levantamiento de 1992, es difícil dejarse de preguntar qué hubiera sido el South Central de Los Ángeles con un paquete de medidas financieras comparablemente tan lujosas provenientes del Estado, la ciudad y el condado".[6]

Tal como sostienen los defensores de un crecimiento sostenible, en la ecuación de ganancias debe entrar el capital natural irrecuperable, que se pierde en cada expansión sobre el territorio realizado sin una previsión real del impacto natural,

6   Ghirardo, Diane, *Architecture after Modernism*, Thames and Hudson, Londres/Nueva York, 2000.

social y económico. Si se llevan a cabo las inversiones a escala global de la ciudad, olvidando y relegando las inversiones públicas para la sociedad local, peligrará la cohesión social con el consiguiente aumento de la población excluida y el peligro de producir el efecto inverso del que se desea: no resultar competitiva ni apetecible para las inversiones globales de primera línea.

■ La arquitectura como reclamo publicitario

La ciudad ha sido y es un *collage*, una entidad que adquiere nuevo sentido mediante la adición de cada época. La ciudad no es una unidad cerrada en sí misma, ni tampoco un concatenado de fragmentos inconexos.

Sin embargo, la repercusión de estos nuevos intereses económicos y emblemáticos sobre la estructura urbana provoca una ciudad formada por fragmentos; no una ciudad *collage* que forma un todo, sino una ciudad creada sobre la base de partes independientes regidas por los intereses del mercado. La ciudad como superposición de fragmentos seleccionados por el mercado no es más que una aglomeración de partes que se quieren diferentes y que no buscan formar una entidad nueva, clara o reconocible. Las diferencias entre los fragmentos son meras apariencias, ya que todos se han seleccionado a partir de un mismo discurso y de una misma lógica: la vida es consumo y el ciudadano ha cambiado su estatuto y derecho civil por uno comercial, el del consumidor. Cada fragmento es autónomo y sin relación entre sí, como mónadas.

No hay una concepción de ciudad en conjunto, con todos sus problemas y dificultades, sino que se segregan áreas a "resucitar". Las pautas de los nuevos centros neurálgicos no son exclusivamente geográficas o generales respecto a la ciudad, sino que están marcadas por diferentes intereses y valores que pertenecen a lo global:

ACCESIBILIDAD: permite incorporar zonas, no necesariamente urbanas, pero sí especialmente cualificadas, al quedar en el radio de influencia del trazado de una vía rápida de comunicación. Se trata de comunicaciones en sentido amplio, de comunicación virtual y real, de cables y vías, de satélites y pistas, de accesibilidad vial rápida, y de buenas conexiones con otros territorios (trenes de alta velocidad, aeropuertos y puertos); todos ellos elementos de cualificación. Estos espacios de hiperconectividad son las áreas globales de la ciudad, nuevos centros parciales y monofuncionales, terminados de configurar por la accesibilidad en vehículos individuales.

Una ciudad formada por fragmentos:
Valla publicitaria del proyecto de
reforma de la Calle 42, Nueva York,
2000

IMAGEN: tiene dos vertientes, la nostálgica y la tecnológica. La primera consiste en la nostalgia histórica como valor de cambio, ya sea en la reutilización y recuperación de áreas históricas para nuevos usos de ocio o empresarial, de modo que lo preexistente se transforma en la imagen de las nuevas relaciones y se mercantiliza la memoria; como ha sucedido con los Docks de Londres, el barrio de Tribecca en Nueva York, Puerto Madero en Buenos Aires. Un caso extremo es el centro histórico barroco de Praga, convertida en una rémora artificial de sí misma llena de hoteles de cadenas internacionales, restaurantes de comida rápida y tiendas de marcas de moda, sólo franquicias mundiales que eliminan las rugosidades,[7] las diferencias y, en definitiva, la realidad. O a través de la creación escenográfica de espacios con historia o tradicionales que se aplican generalmente al habitar segregado, desde las "ciudades" propuestas por el *new urbanism* hasta los *resorts,* que pretenden resumir la realidad del lugar en unos cuantos tópicos.

La otra vertiente es la imagen de la hipertecnología, la transparencia y los edificios inteligentes, vinculada generalmente a las firmas del *star system* arquitectónico, por tanto, validado por la crítica, es decir, más difícil de desenmascarar.

EMBLEMA: elementos con el suficiente prestigio como para transformarse en elementos dinamizadores del entorno, haciendo posible la aglutinación de una serie de empresas a su alrededor; como puede ser la existencia de un centro de investigación o una universidad; como en el caso de Silicon Valley. Aunque también en casos más banales, la aparición de un parque temático genera toda una actividad urbanizadora —la verdadera fuente del negocio y el atractivo para la inversión terciaria—, como el caso fundador y emblemático de la instalación en Arnheim de Disneylandia en 1955.

Estos tres aspectos —accesibilidad, imagen y emblema— funcionan como dinamizadores urbanos de mercado. Por lo tanto, la ciudad en su totalidad no importa, sino que se escoge la parte que resulta rentable para los intereses sectoriales.

Se valorizan y recuperan áreas urbanas de un modo sectario, tanto por la localización como por el usuario, lo cual implica que las clases con menores recursos sean expulsadas hacia la periferia interior y exterior. Periferia en tanto que espacio que carece de calidad urbana. Se fomentan así una serie de relaciones urbanas de privilegio, donde determinados trabajos, entretenimientos y residencias disfrutan y poseen el espacio urbano recuperado en exclusiva.

[7] Montaner, Josep Maria, *Las formas del siglo XX*, Editorial Gustavo Gili, Barcelona, 2002.

La determinación del espacio público y de la forma urbana depende cada vez más de la inversión privada, del movimiento del flujo del capital. La lógica del beneficio del productor que genera consumo incesantemente y que lo convierte todo en objeto de usar-y-tirar también ha llegado a la arquitectura y la ciudad. Su carácter efímero es, tal vez, el común denominador de toda la producción arquitectónica actual y, como todo objeto de consumo, lo importante es el impacto que genera fundamentalmente como novedad. En el libro *Mutaciones,* Rem Koolhaas describe el Delta del río Perlas (DRP) como la encarnación de la ciudad futura, ya presente, marcado por el cambio constante de las funciones de los edificios:

"Reconversión permanente. No hay un estado final, sólo una mutación de una condición a otra. En Europa podría pasar lo mismo muy pronto, y la ilusión de que una arquitectura alcanzará alguna vez su finalización, probablemente se evaporará en los próximos veinte años [...], misterioso, casi siniestro, pronóstico [...].

Los rótulos son la encarnación más tangible que estos proyectos podrán alcanzar jamás".[8]

El cambio constante como motor hace casi imposible la realización de planes urbanos prolongados, pues el objetivo es realizar un esquema urbano y arquitectónico lo suficientemente maleable o indefinido para que pueda modificarse según las necesidades cambiantes del mercado.

La búsqueda de inversores se refleja en la pugna entre las ciudades y su arquitectura, que juega un papel protagonista en tanto que representación del poder local. El papel de los edificios como publicidad queda explicitado en la irrupción, a lo largo de la última década del siglo XX, de una serie de contenedores emblemáticos de esta nueva situación, cuya función es convertirse en símbolo exterior y visible de la modernidad, vitalidad, posibilidades y futuro de la ciudad. Una imagen plausible de ser incorporada como un icono del *marketing* y la estrategia comercial para la ciudad. Para asegurar su efecto, la elección del arquitecto también se realiza en función de su impacto mediático. La mayor difusión la alcanzan las obras de arquitectos foráneos, lo cual ha convertido a un elegido grupo de arquitectos del *star system* en un grupo de viajantes de la globalización, que venden su sello al mejor postor.

El impacto de la novedad como base para construir ciudades es muy débil. Una vez pasada la fuerza del momento inicial, es necesaria una nueva invención para que la ciudad siga estando viva según estos parámetros de consumo.

[8] Koolhaas, Rem, "Harvard Project on the City", en Koolhaas, Rem, et al., *Mutaciones*, Actar, Barcelona, 2000.

Los métodos de la ciudad global para intervenir en la ciudad preexistente la disuelven, la construyen como nodos de una red, conectados por cables invisibles, aislados de su realidad próxima. Sus espacios son productos que se exhiben de un modo disperso, sin necesidad del lugar; es más, el lugar es rechazado como diferenciador. Un barrio cerrado o fortificado tiene límites infranqueables; el centro de ocio y consumo tiene accesos dificultosos para el peatón; el edificio corporativo se eleva sobre sus vecinos. A todo esto se le añade, como denominadores comunes, la vigilancia, el acceso en vehículo privado, el conocimiento de códigos de conducta y apariencia. Aquello que queda fuera de esta red invisible es la ciudad que se deteriora y se abandona, dando la razón al discurso del peligro de la ciudad, del peligro del otro: la ciudad es el lugar donde residen y sobreviven los no conectados.

La homogeneidad urbana evidenciada en un anuncio publicitario

( ) MIAMI
( ) FRANKFURT
( ) PARIS
( ) BUENOS AIRES
( ) N.D.A.

TESTE AQUI SE VOCÊ CONHECE O MUNDO COMO A TAM.

VÔOS DIÁRIOS PARA MIAMI, PARIS
BUENOS AIRES E FRANKFURT.
EM BREVE, NOVOS DESTINOS.

www.tam.com.br · Reservas:0800 123 100 ou consulte seu agente de viagens.

"Las ciudades y regiones a finales del siglo XX [...] son [...] multiétnicas, multirraciales, múltiples. La diversidad cultural que está emergiendo como una característica distintiva de las nuevas ciudades globales produce también aquello que denomino como un nuevo desorden mundial. La ciudad o región multicultural es percibida por muchos como una amenaza más que como una oportunidad. La amenaza es múltiple: psicológica, económica, religiosa y cultural. Es una complicada experiencia del miedo al 'otro', el miedo a la pérdida del trabajo, el miedo a que la manera de vivir sea erosionada, miedo al cambio en sí mismo. Estos miedos producen grados crecientes de ansiedad y de violencia sobre los que son diferentes [...]. Creo que estos miedos constituyen una amenaza tan importante para la futura estabilidad de nuestras ciudades y regiones como la, mucho más discutida, de las fuerzas económicas".[9]

Este miedo se hace visible en las formas urbanas de la exclusión que se niegan a enfrentar el conflicto, postergando el diálogo y la solución de los problemas de la ciudad real. La ciudad generada sobre la base de extirpaciones de partes sanas y enfermas mediante su segregación, no hace sino aumentar los problemas y las dificultades. La ciudad de las áreas globales es un futuro posible sólo para los incluidos.

La globalización instalada en Buenos Aires

A las circunstancias globales de crisis económica y de cambios productivos de principios de la década de 1980, se agrega en Buenos Aires el final de los períodos de dictadura que, de manera intermitente pero mayoritaria, gobernaron el país durante cincuenta años (1932-1982). El difícil retorno a la democracia; los graves problemas heredados, fundamentalmente en el campo de los derechos humanos y de la economía; la necesidad propia y ajena de renovar el marco legal y las atribuciones de los diferentes niveles de gobierno, son características internas que se añaden a los de la globalización como fenómeno mundial genérico.

Las fuertes disfunciones entre necesidad y oportunidad, entre medios legales y económicos, entre políticas urbanas pensadas por y para el mercado, y no por y para la ciudad, han provocado que el Buenos Aires del cambio de siglo presente un panorama especialmente complejo. La segregación social, la fragmentación urbana, la inmigración y la emigración, los territorios de excluidos y los de incluidos, hacen fácilmente aplicables políticas urbanas regidas por la inversión financiera inmobiliaria como ilusión de la "regeneración" y del crecimiento urbano.

9   Sandercock, Leonie, *Towards Cosmopolis. Planning for Multicultural Cities*, John Wiley & Sons, Chichester, 1998.

ATARDECER EN BUENOS AIRES

Características similares son compartidas con otras ciudades del Tercer Mundo, o en vías de desarrollo, donde guerras y dictaduras abonaron el terreno a la ciudad global, donde el mercado, el capital, puede desplegar todas sus estrategias sin condicionantes; sociedades que ya son duales o están escindidas.

La ciudad de Buenos Aires entró en la década de 1990 en las nuevas coordenadas económico-espaciales definidas por la libre circulación de productos, la producción desterritorializada y la fórmula del *patchwork* de la ciudad de la especulación financiera, basada en el beneficio económico de la desigualdad social.

Del crecimiento urbano que podríamos denominar más natural, que parte del afianzamiento del área central para ir creciendo lentamente y con poca densidad en los bordes, se ha llegado a un crecimiento espasmódico, que responde a los intereses privados sectoriales que provocan que la ciudad crezca por fragmentos y se acentúe la segregación social.

"En Buenos Aires, el ciclo expansivo estuvo marcado básicamente por el trazado inclusivo de las infraestructuras públicas por parte del Estado desde finales del siglo XIX y por la expansión, sobre el soporte público, de un mercado habitacional privado diseminado ampliamente en la sociedad a través de operaciones de pequeña escala. La sucesiva formación de suburbios fue facilitada por una irradiación subsidiada del transporte público, y estuvo caracterizada por la comunicación universal de la cuadrícula pública y la casa unifamiliar propia como modelo de asentamiento [...]. Y, al mismo tiempo que la casa supuso un mecanismo eficaz para transportar a una sociedad desde la heterogeneidad y la convulsión hacia el ideal de una comunidad de pequeños propietarios, los barrios comunicados y homogeneizados por la cuadrícula pública resultaron una efectiva puerta de ingreso a una ciudadanía activa, que incluyó derechos civiles, políticos y sociales".[10]

La ciudad espasmódica se apoyó en la reestructuración económica que partió de la Ley de Reforma del Estado y de Emergencia Económica en 1989 y la Ley de Convertibilidad en 1991, con un gran costo social pero muy útil para los inversores financieros. A las condiciones locales hay que agregar las modificaciones del panorama económico global, principalmente la disminución de las tasas de interés a escala mundial, que hizo necesaria la apertura a nuevas áreas de inversión que rentabilizaran las operaciones financieras. La coincidencia del aumento de flujo de capital con el proceso de privatización de empresas y suelo público generaron un auge de la construcción e hicieron que Buenos Aires se convirtiera en la década

de 1990 en un perfecto espacio para un urbanismo del fragmento. Los elementos urbanos se colocaron allí donde el capital los necesitaba, sin planificación ni control social, recuperando áreas emblemáticas centrales e inventando nuevas áreas de centralidad en relación con los sistemas de autopistas.

"Será en los años noventa cuando todas esas transformaciones fueron reconocidas como una nueva configuración urbana, ya que el tipo de apertura económica que se produjo supo encontrar, en el nuevo territorio fragmentado de la ciudad, un campo de operaciones completamente funcional para sus nuevas lógicas y, consecuentemente, el poder público que promovió aquella apertura se dedicó a potenciar sus principales aspectos. Lo que hasta entonces parecía meramente un paisaje urbano y social transitorio, generado por la crisis económica, se mostró como el cimiento de la salida modernizadora de los noventa, cuando un sistema urbano completamente novedoso comenzó a delinearse, con la promoción de enclaves urbanos privados frente a la tradicional inclusividad homogeneizadora de la grilla pública; la generalización de sistemas de dispersión territorial, que, por primera vez en la historia de Buenos Aires, suponen una amenaza cierta para la pervivencia de las cualidades de su centro; la multiplicación de la oferta de servicios privados para sectores de renta media-alta frente a la notoria decadencia de las redes públicas universales; y, más en general, la conversión del espacio público en objeto de negocios privados, con la conversión del Estado en vanguardia de esos negocios y de la sociedad urbana en una suma simple de intereses de competencia".[11]

Vista aérea de Buenos Aires

[10] Silvestri, Graciela; Gorelik, Adrián, "Ciudad y cultura urbana, 1976-1999. El fin de la expansión", en Romero, J. L.; Romero L. A., *Buenos Aires. Historia de cuatro siglos* (Tomo 2: *Desde la ciudad burguesa hasta la ciudad de masas*), Editorial Altamira, Buenos Aires, 2000[2].

[11] Silvestri, Graciela; Gorelik, Adrián, *op. cit.*

La ciudad de Buenos Aires constituyó su primer gobierno autónomo, democráticamente elegido, en 1996. Como Capital Federal y sede de organismos públicos nacionales continúa sujeta al orden jurídico nacional y a las decisiones del Congreso Nacional, en cuanto a la propiedad y destino final de las tierras ferroviarias, portuarias, militares y de empresas públicas.

Las dificultades en la gestión, en parte derivadas de las diferencias entre gobierno local y gobierno nacional, de diferente signo político, entorpecieron la realización de planes y proyectos en la ciudad, coincidiendo con la aparición de grupos de inversores de capital financiero interesados en "hacer ciudad". Este hecho se vio reflejado en las decisiones políticas sobre la ciudad que marcadas por el cambio constitucional de 1994 determinaron la premura con que se decidieron grandes proyectos urbanos. Las acciones del Gobierno Nacional estuvieron más orientadas a la actividad de vendedor que a las de inversor y generador de la idea de ciudad deseada; el papel de gestor quedó reducido a generar los cambios normativos necesarios, calificados como "medidas estratégicas", que favorecieran el modelo de ciudad que la inversión de grandes capitales nacionales e internacionales deseaban.

Las intervenciones del mercado libre sobre la ciudad sólo fomentaron la mejora y recuperación de zonas centrales rentables y la desaparición del Estado inversor, garante del reequilibrio urbano, provocó un empobrecimiento y empeoramiento de los servicios e infraestructuras públicas.

"El proceso de reestructuración de la economía que arranca a principios de los años ochenta sigue una serie de pautas de ocupación del territorio [...] que, en la ciudad de Buenos Aires, se expresan con:

- La red de infraestructura industrial se transforma para ser utilizada para el ocio y el consumo.
- Localización de empresas en dos polos: área central (representativa, tradicional) o sobre vías rápidas de comunicación en zonas periféricas.
- Área central dedicada a la "globalidad": edificios representativos, finanzas, centros de convenciones, hoteles, vivienda de lujo".[12]

[12] Mignaqui, Iliana, "Dinámica inmobiliaria y transformaciones metropolitanas. La producción del espacio residencial en la Región Metropolitana de Buenos Aires en los '90: una aproximación a la 'geografía de la riqueza' ", Buenos Aires.

Este proceso de reestructuración afectó a áreas centrales de infraestructura portuaria y ferroviaria en desuso. Las principales áreas liberadas son: el antiguo Puerto Madero (170 ha); la estación ferroviaria de Retiro (93 ha); y el resto de las estaciones ferroviarias y sus playas de maniobra, que comprenden alrededor de 500 ha en toda la ciudad de Buenos Aires.

Otro elemento importante que marca una pauta de la existencia de áreas globales en el interior de Buenos Aires es su ingreso en el escenario mundial del "mercado inmobiliario", uno de los principales negocios en la globalización.[13]

"Nuevos actores y nuevos propietarios urbanos aparecerán orientando el proceso de urbanización metropolitano, bajo la promoción del Estado.

Entre ellos podemos mencionar a grupos económicos nacionales, a veces asociados con inversores internacionales, quienes, a través de la rama inmobiliaria de la empresa, participarán en el desarrollo de estos emprendimientos [...].

Buenos Aires

13 Sassen, Saskia, *op. cit.*

Privatización del espacio público en La Recoleta, Buenos Aires.

En todos los casos, la estrategia es 'comprar barato en lugares clave' […], se las desarrolla, alquila o vende a mayor precio, aprovechando los niveles de rentabilidad inmobiliaria que oscila entre el 12-20 % frente al 5-7 % de países como Estados Unidos o Inglaterra".[14]

Nos encontramos, por lo tanto, ante una ciudad que posee áreas pujantes, que exhiben gran desarrollo e inversión realizadas por inversores privados, en su mayoría extranjeros, sin que se hubiera adoptado una política urbana para la ciudad en su conjunto. En todo caso, si la ciudad pretende jugar en la liga de la globalización, también ha de tener una estrategia. A la ciudad le hubiera faltado definir previamente su ubicación y función en la red de ciudades, de manera que le sirviera para el planeamiento de las políticas urbanas, en lugar de dejarlas libradas a la decisión de la especulación urbana.

"Entre 1988-1998 […], tanto la inversión pública como privada se localiza mayoritariamente en los corredores norte y oeste, con escasas intervenciones en los espacios centrales y los bordes de la ciudad",[15] siendo estos corredores las áreas de mayor renta de la ciudad.

La gestión de la ciudad se limita a actuar y proponer mejoras parciales sobre las mismas zonas que propone la inversión privada. Como explica el documento de trabajo para el Plan Urbano Ambiental redactado en octubre de 1998:

[14] Mignaqui, Iliana, *op. cit.*
[15] Gobierno de la Ciudad de Buenos Aires. Secretaría de Planeamiento y Medio Ambiente, *Plan Urbano Ambiental de la ciudad de Buenos Aires* (documento de trabajo), Buenos Aires, octubre de 1998.

"En tal sentido, las políticas urbanas deberán orientarse a impulsar la consolidación de los papeles internacionales de Buenos Aires y al desarrollo de los grandes equipamientos e infraestructuras que la ciudad necesita para cumplir con ellos, apuntando a contar con redes y servicios del más alto nivel y a una expansión de la oferta de 'espacios internacionales' que cuenten con la necesaria calidad ambiental, paisajista, cultural, de seguridad y de integración social como para otorgar ventajas comparativas que le permitan competir eficazmente en el cada vez más competitivo escenario mundial".[16]

De aquí se trasluce la adecuación de los intereses de la ciudad a los intereses sectoriales del movimiento del capital global, que necesita "no lugares" allí donde vaya.

"Si un lugar puede definirse como lugar de identidad, relacional e histórico, un espacio que no puede definirse ni como espacio de identidad, ni como relacional, ni como histórico, definirá un no lugar [...], se multiplican en modalidades lujosas o infrahumanas, los puntos de tránsito y las ocupaciones provisionales (las cadenas de hoteles y las habitaciones ocupadas ilegalmente, clubes de vacaciones, campos de refugiados...) donde se desarrolla una apretada red de medios de transporte, que son también espacios habitados [...], un mundo así prometido a la individualidad solitaria, a lo provisional a lo efímero, al pasaje".[17]

La expresión edificada de esta búsqueda de espacios internacionales queda reflejada en la construcción de hoteles cinco estrellas; edificios representativos de la modernidad empresarial; viviendas en guetos de lujo; centros comerciales y centros de convenciones que prevalecieron en la década de 1990. Esta ciudad de ciencia ficción se ha ido construyendo mientras la sociedad argentina caía en un proceso de empobrecimiento imparable, que llegó a finales del 2001 con más de un tercio de la población bajo la línea de la pobreza.

La arquitectura global en Buenos Aires, siguiendo las pautas de accesibilidad, imagen y emblema, produjo diferentes recuperaciones sectoriales y fragmentarias, que han significado oportunidades perdidas para la ciudad. Al dejar la estructuración de las áreas vacantes en manos de inversores, lo que constituye una oportunidad se ha convertido en un nuevo problema de segregación y fragmentación.

[16] Ibid.
[17] Augé, Marc, Los "no lugares". Espacio del anonimato. Una antropología de la sobremodernidad, Gedisa, Barcelona, 1994[2].

■ Los nuevos monumentos

Para Aldo Rossi, los monumentos urbanos son las plazas, iglesias, escuelas, teatros, museos, etc., espacios para el intercambio de experiencias y significados, de interacción, de utilización y creación de memoria, espacios en los que cada uno es, simultáneamente, aprendiz y constructor de la memoria urbana. Son espacios que no pueden repetirse, explicarse ni crearse ex profeso; sólo la lenta construcción de la ciudad y la experiencia directa y personal los hará reales y concretos.

"Florencia es una ciudad concreta, pero la memoria de Florencia y su imagen adquieren valores que valen y representan otras experiencias. Por otra parte, esta universalidad de su experiencia, nunca podrá explicarnos concretamente aquella forma precisa, aquel tipo de cosa que es Florencia".[18]

En las actuales condiciones los contenedores se transforman en hitos urbanos, en nuevos monumentos que determinan y configuran la ciudad pero, contrariamente a los monumentos reseñados por Aldo Rossi, se erigen aislados de su entorno, sin tiempo y con valores predifundidos. El valor que Rossi otorga al *locus,* como relación singular y a la vez universal entre el hecho construido y el lugar, se menosprecia ahora en favor del hecho universal simplificado en imágenes reduccionistas de la realidad. A las experiencias concretas se les ha otorgado una forma simbólica simplificada, repetible por doquier, que ofrece estos nuevos espacios como sucedáneos de la auténtica experiencia urbana.

Sin embargo, podemos pensar los monumentos como tales, en tanto que espacios para la celebración del mito a través de pautas o ritos, o sea, de repeticiones de conductas preestablecidas a partir de las cuales se reafirman y consolidan las referencias comunes, aunque no sean espacios simbólicos de la experiencia creativa.

"Creo que la importancia del rito y su naturaleza colectiva, su carácter esencial como elemento conservador del mito, constituyen una clave para la comprensión del valor de los monumentos y [...] de la trasmisión de las ideas en la realidad urbana [...].

Puesto que el rito es el elemento permanente y conservador del mito, lo es también el monumento que, desde el momento mismo que atestigua el mito, hace posible sus formas rituales".[19]

[18] Rossi, Aldo, La arquitectura de la ciudad [1971], Editorial Gustavo Gili, Barcelona, 1999[10].
[19] *Ibid.*

Si el monumento es la escenificación o representación del mito colectivo validado por los ritos, los nuevos monumentos son aquellos que aglutinan los valores correspondientes a la sociedad de consumo base de la ciudad global, pues en su interior son posibles las nuevas formas rituales marcadas por la preeminencia del consumo. Los nuevos monumentos permiten reconocer y consolidar formas de vida en los espacios que nos proponen para vivir, trabajar y entretener. Nuevos rituales que generan pautas de conducta que incluye desde la vestimenta hasta los establecimientos a los que ir y donde, gracias a la publicidad, nos reconocemos. Por lo tanto, los nuevos monumentos reinventan el mito colectivo.

La experiencia del monumento como lugar de intercambio personal se somete a la experiencia del consumo, al tiempo que las ciudades como redes espaciales de experiencia personal y única, de descubrimiento y deriva, quedan anuladas por las múltiples, pero pautadas, vías de comunicación para recorrer en automóvil, sin más referencia que el punto de partida y el de llegada.

Si hiciéramos un plano de la ciudad global con criterios similares al plano tardo barroco de Roma realizado por Giovanni Battista Nolli, en que los espacios públicos conforman un tejido de relación, la base sobre la que se sustenta la ciudad y la vida urbana, veríamos cómo los actuales seudo espacios públicos conforman áreas aisladas. Dichos espacios conforman sólo los nodos de la red, desaparece la trama o queda reducida a un frágil y excluyente tejido de las vías rápidas de comunicación y de las líneas intangibles de las TIC. La urdimbre del tejido está formada por redes invisibles e individuales. Los espacios introspectivos y cerrados se relacionan entre sí mediante líneas de flujos, quedando la ciudad como un magma de fondo.

La figura metafórica de la red y los nodos, que llena la literatura posterior a la supuesta difusión de Internet, se hace realidad en la ciudad, donde permanecen los puntos conectados y los desconectados en realidades paralelas no relacionadas. Podríamos pensar en una especie de plano de la experiencia personal, única e irrepetible, como los que plantearon los situacionistas, a partir de la cual se podría construir un plano mental con hitos y monumentos propios. O la ciudad según Kevin Lynch, donde lo principal es el reconocimiento y la identificación. Sin embargo, el plano basado en los nodos y líneas de flujos se halla predeterminado por la colocación de los fragmentos que conforman la nueva ciudad con únicas alternativas de conexión, creando recorridos individualistas preestablecidos que paradójicamente no radican en la experiencia individual. La deriva, por lo tanto, ya no es posible en una ciudad de redes. La red tiene nodos por los que invariablemente se ha de pasar;

fluir y transitar, y agujeros negros que deben evitarse. Si no podemos hacer un mapa, tampoco se puede transformar, modificar o superar la realidad del espacio urbano. Aquello que no podemos representar ni mapificar, tampoco podremos apropiárnoslo y, por consiguiente, permanecerá imperturbable e inamovible.

Los nuevos monumentos no forman una estructura urbana, sino que escinden la existente, se aislan de la realidad exterior y crean una realidad propia en su interior. El nuevo monumento como elemento singular incorpora lo simbólico reducido a lenguajes e iconos de puro consumo. La difusión de los medios de comunicación de masas influyen en la determinación del arquitecto y en la formalización del nuevo monumento. La arquitectura ya existe antes de construirse y de ser tangible. La realidad virtual de los medios gráficos e infográficos convierte en real aquello que muestra, determinando con anterioridad, mediante el *marketing* y la publicidad la repercusión social del proyecto, su éxito o su fracaso. Como lo que se busca es imagen y no materialidad, la formalización de la piel de los contenedores se convierte en el elemento fundamental para la cualificación de esta arquitectura.

Los nuevos monumentos son clones, y las características diferenciales del lugar quedan como residuos en la uniformidad que los caracteriza. Se pueden definir las características formales de los nuevos monumentos en dos grandes apartados. El primero de ellos persigue una imagen de alta tecnología mediante el uso del vidrio y los metales, mientras que el segundo utiliza formas históricas ficticias, no-tectónicas y preferentemente dulcificadas por los colores en tonos pastel. La utilización de uno u otro material situará al edificio en una franja determinada de consumidores o en un rango de actividades.

Por un lado, un proyecto con "ambición cultural" será realizado por un arquitecto de mayor prestigio crítico, quien optará por una imagen tecnológica de vidrio, metal, pantallas catódicas o la fugacidad de los efectos luminosos: Jean Nouvel en el centro Euralille o Rem Koolhaas en el museo Guggenheim de Las Vegas, donde la combinación de tecnologías punta se convierte en la imagen y justificación de la arquitectura. Estos arquitectos, herederos de la modernidad, construyen su discurso con la confianza ciega en que los avances tecnológicos determinan un camino ineludible hacia el futuro. Dentro de este paradigma de modernidad que constituyen los contenedores de alta tecnología, es importante la utilización de la luz artificial como definidor del volumen: fachadas que se configuran sobre la base de proyecciones cambiantes o anuncios luminosos. Este exceso de confianza en la técnica la convierte en una arquitectura del despilfarro, de la soberbia humana que cree dominar una naturaleza inagotable.

Por otro lado, la arquitectura que quiere representar lo invariable, la esencia tradicional de la vida en sociedad, un mundo bucólico cuyo repertorio de imágenes proviene de las escenografías televisivas o de los parques temáticos fundacionales de Walt Disney. Esta arquitectura se identifica con el deseo de un medio impoluto, una ciudad y sociedad perfectas. La tecnología se esconde detrás de fachadas de cartón piedra, de falsos referentes históricos, negando la modernidad en una visión neorromántica del mundo. Una arquitectura más parecida a un plató cinematográfico que a una realidad material.

"Cuando lo real ya no es lo que era, la nostalgia cobra todo su sentido. Pujanza de los mitos del origen y de los signos de la realidad [...]. Escalada de lo verdadero, de lo vivido, de la resurrección de lo figurativo allí donde el objeto y la sustancia han desaparecido".[20]

Ambas variantes, la tecnológica y la nostálgica, son imágenes de espacios y formas puras sin contaminar, ni del otro ni de lo que no es bello; sólo es feo aquello que el consumo no ha convalidado. Ambas propuestas, aparentemente distantes, responden a los mismos criterios de pureza, falta de contaminación y autismo urbano, ya sean con piel de vidrio o historiada; una realidad única sin la presencia facetada de la ciudad, que evita las referencias a la complejidad y la relación y diálogo con el entorno. Son arquitecturas ensimismadas.

"Otros tipos de espacios públicos han sido afectados por las cosas que más caracterizan el mundo de Disney: espectáculo, vigilancia y control."[21]

La ciudad de la globalización es la de la pobreza excluida y la riqueza excluyente. Estas diferencias van en aumento, y el reflejo de esta realidad económica y social se percibe en el modo cómo se desarrollan y construyen las ciudades; una ciudad que no puede ser sino fragmentada, que sólo puede reconstruirse, unirse, a través del montaje de los fragmentos obtenidos en el continuo y veloz viaje entre las partes.

En esta ciudad construida sobre la base de fragmentos autónomos, geometrías y realidades yuxtapuestas, las autopistas son los elementos clave que han contribuido a generar la rotura y el quiebro, convirtiéndose en piezas fundamentales de este nuevo tipo de espacio cuyo desarrollo y uso se ha potenciado en las ciudades des-

[20] Baudrillard, Jean, "La precesión de los simulacros", en *Cultura y simulacro* [1978], Kairós, Barcelona, 1998[5].
[21] Ghirardo, Diane, *Architecture after Modernism*, Thames and Hudson, Londres/Nueva York, 2000.

membradas. Quien sobrevuela la ciudad desde las autopistas obtiene una visión uni-
taria; la ciudad que se vive así no expresa sus desavenencias. En este traslado continuo, la ciudad resulta un magma donde resaltan algunos hitos. La idea de un *collage*
aleatorio refuerza la permanencia del caos, de la superposición de partes opuestas,
enfrentadas, que, fundamentalmente, se ignoran. La ciudad se constituye de *flashes*
urbanos que sólo se comunican y relacionan por nuestros recorridos encapsulados.
La conciencia urbana contemporánea se identifica con la imagen del caos y con la
velocidad como estética enmascaradora de la homogeneidad más absoluta; el verdadero caos y el desastre queda para las periferias de las áreas globales.

El *collage*, no como mecanismo poético que busca nuevos discursos y estructuras
de un nuevo todo, sino como el resultado último del *laissez faire* de la economía
liberal y del libre mercado que redunda en todos los ámbitos culturales y expresi-
vos. Observamos que en otros ámbitos de creación también aparece el *collage*
como método o sistema compositivo, desde películas de historias fragmentadas y
veloces en su narrativa, hasta en la moda urbana, donde también la adición capri-
chosa de elementos procedentes de diferentes culturas o de texturas diferentes
no son ya un acto de rebeldía de ciertas tribus urbanas, sino una estética del
maquillaje y del "todo vale".

El modelo de la ciudad global se apoya esencialmente en habitar en casas en
barrios cerrados, trabajar en los centros terciarios y divertirse en los centros de
ocio y consumo. Cada parte es un producto fragmentario y autónomo. Pero, para
que estas nuevas piezas fragmentarias funcionen, es necesario que cada estructura
urbana y territorial concreta se vea transformada con la potenciación de las nuevas infraestructuras reales y virtuales: autopistas urbanas, grandes puentes, largos
túneles, intercambiadores a distintos niveles junto a aeropuertos, estaciones, etc. En
este sentido, no es que la morfología de las infraestructuras viarias y de transporte
se haya transformado o se haya integrado gracias al modelo de ciudad global, sino
que, precisamente, es la ciudad global la que ha otorgado a los barrios residencias,
áreas terciarias y centros comerciales la misma morfología de redes y de fragmentos autónomos que ya poseían las autopistas.

La estructura territorial de este modelo es la vida en los suburbios, la dispersión de
las actividades, la no-urbanidad de las relaciones. Sus paradigmas urbanos son el
centro comercial que hace explotar sus límites funcionales, aislado en un mar de
coches y autopistas, los barrios cerrados de viviendas y las escenografías metropolitanas de los barrios de negocios; la cultura de lo masivo, controlado y segregado.

■ Los "nuevos monumentos" sobre Buenos Aires

El tejido urbano de la ciudad de Buenos Aires se caracteriza por la alineación a fachada de los edificios, la cuadrícula regular y ortogonal, con alternancia medida de calles y avenidas que dan forma a un espacio público de calidad. Esta red de espacios públicos formada por calles y avenidas permite la inscripción de las variables máximas sobre una geometría rígida; la red se completa con plazas verdes, parques y paseos cuyas lógicas están menos determinadas. La riqueza de la ciudad es la red generada a partir de la existencia de lugares de encuentro casual y aleatorio de personas diferentes entre sí, a la vez que ha incorporado numerosos ensayos urbanos. La máxima flexibilidad se basa en una rígida y eficiente estructura geométrica de base.

Sin embargo, los "nuevos monumentos" destruyen toda la lógica preexistente, son sordos y ciegos, imponen su propia geometría. No se fundan en una lectura del territorio, sino en todo lo contrario; imponen un modelo sin localismos, sin particularidades, que se coloca sobre lo previo rompiendo trazas, historias y relaciones; una pisada aplastante sobre lo existente. La nueva geometría adopta formas flexibles, de apariencia más maleable, pero sólo responde a la creación de centros que ejerzan una atracción suficiente para conectarse con otros, que aparecen y desaparecen fugazmente si no se realizan inyecciones monetarias constantes. Esta geometría variable y débil no aporta una ciudad para el siglo XXI, sino que sólo segmenta el territorio y la ciudad en función de las diferentes capacidades de rentabilidad financiera de las diferentes áreas.

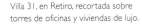

Villa 31, en Retiro, recortada sobre torres de oficinas y viviendas de lujo.

La ciudad se transforma en un espacio amorfo en el que sobresalen espacios de sobrecentralidad. Las torres de marfil flotan en mares de coches o se insertan en jardines diseñados, que no contienen ni conforman el espacio público, sino que lo niegan como residuo necesario del tránsito, dando como resultado una calle inhóspita y olvidada. La aparición de los "nuevos monumentos" daña la vida urbana y la secuestran en el interior excluyente.

2. Vivir en una escenografía

Dualización residencial en Buenos Aires

Vivir en una escenografía

Las formas que la globalización aplica en las áreas residenciales son "islas" no urbanas, con una configuración interior que utiliza el tópico de lo tradicional. Se expanden por todo el mundo proponiendo una segregación gradual que intenta legitimarse con fuertes campañas publicitarias cuyo argumento es un falso discurso de relación con el lugar.

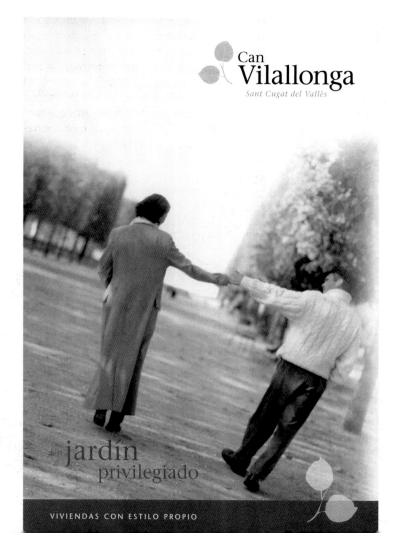

Can
Vilallonga
Sant Cugat del Vallès

un jardín
privilegiado

VIVIENDAS CON ESTILO PROPIO

Es una perversa recuperación de la ciudad y de la urbanidad a partir de su negación. La ciudad como espacio de convivencia es un lugar de conflictos y diálogos permanentes que generan crisis y cambios. Pero la mecánica de crisis-cambio no sirve a intereses considerados inmutables, que pretenden que la vida sea un continuo sedado, dedicado al consumo inconsciente. Para ello, la mejor propuesta es la fabricación de una ciudad simulada, controlada, compuesta por iguales, puesto que la aparición del "otro" se convierte en un peligro.

La segmentación social de la ciudad global se verifica, por una parte, en el gueto del suburbio, un gueto que avanza sobre el territorio y que apuesta por la nostalgia. Recluyen la vida urbana en un "pequeño pueblo mitificado", o una torre aislada, en fortificaciones interiores de las ciudades que niegan formar parte de la realidad colindante. En ambos casos se basan en la movilidad individual en automóvil y en la *toma* de áreas urbanas olvidadas y segregadas por la falta de infraestructuras, servicios y equipamientos, basados en la movilidad peatonal, de aquellos que han sido eliminados del juego del consumo o, en el mejor de los casos, en la anomia del espacio homogéneo y sin atributos de la ciudad genérica.[1]

[1] Koolhaas, Rem, "La città generica", en *Domus*, 791, marzo de 1997.

FONTE D'OURO
OLEIROS

35 CASAS CON PARCELA EN OLEIROS

Porque a veces conviene parar el tiempo

La ciudad como espacio de encuentro, de paseo y de diversidad se borra en las nuevas políticas de inversión inmobiliaria que se fundamentan en la primacía de la seguridad individual y del negocio rápido.[2] Estos guetos auto segregados recrean en su interior la falsa utopía de la ciudad abierta, sin distinciones, donde todos son iguales. Se trata de jugar-a-como-si no existiera el otro. Este "jugar-a-como-si" acostumbra a vivir en la ficción, vivir en una "situación ideal que no es la realidad, sino lo real, remodelado por la inteligencia y la imaginación".[3]

El peligro añadido que puede suponer esta segregación es una sociedad futura gregaria y "adolescente",[4] incapaz de decidir sus propias pautas de conducta, de relación con el "otro" y de reacción ante los imprevistos. Una sociedad que sólo sabrá verse en sus iguales, que necesitará una reafirmación constante que proceda de un "igual" y donde la presencia de la diversidad y de los imprevistos será motivo de intranquilidad y pondrá en duda su identidad. Lo diferente se convierte rápidamente en señal de peligro; se busca la homogeneidad más básica y, por ello, se recurre a la falsedad de una sociedad igualitaria, sólo basada en la segregación del distinto, del "otro",[5] generándose, así, una sociedad fácil de manipular y de dirigir.

ABRIMOS LAS PUERTAS PARA
QUE SUS HIJOS DISFRUTEN LA VIDA
Entre a Puertas de Huechuraba. Un Condominio Privado con más áreas verdes.

Puertas de Huechuraba

SU ENTRADA A UN MUNDO MEJOR

socovesa

[2] Huxtable, Ada Louise, *The Unreal America. Architectures and Illusion,* The New Press, Nueva York, 1997.

[3] Augé, Marc, *El viaje imposible. El turismo y sus imágenes,* Gedisa, Barcelona, 1998.

[4] Sennett, Richard, *Vida urbana e identidad personal. Los usos del desorden* [1970], Península, Barcelona, 2001.

[5] Davis, Mike, *Ciudad de cuarzo. Excavando el futuro en Los Ángeles,* Lengua de Trapo, Madrid, 2003.

¿Qué es anterior, el discurso sobre la inseguridad o la inseguridad misma? Sea cual sea la respuesta, lo cierto es que en la última década del siglo XX el proceso de formación de guetos urbanos ha ido en aumento. Las clases más "saludables" se han enclaustrado en castillos de vidrio hipervigilados y los "otros" lo han hecho en sus guetos suburbiales, también segregados y vigilados.

"Planificación espacial individualizada [...] en el crecimiento de supletorios monofuncionales, generalmente enclaves cultural y socialmente homogéneos: distritos residenciales, parques de oficinas, centros comerciales y parques temáticos [...]. Aún hay gente que opta por la heterogeneidad y diversidad cultural de la ciudad. Pero, para mucha gente, el declive en la calidad de los alrededores, la falta de seguridad y los inconvenientes son suficientes para buscar la ciudad individual, construida, en la medida de lo posible, a partir de una combinación de lugares cuidadosamente seleccionados, seguros, socialmente homogéneos, a los que se puede llegar de un modo fácil, seguro y, necesariamente, en coche. Gente que en apariencia pueden ser aún urbanitas, pero que no residen necesariamente en la ciudad".[6]

La diferencia y la distancia provocan que convivan y coexistan diferentes ciudades en un mismo espacio urbano.

La ciudad global dual se expresa en un espacio dividido y enfrentado que toma como punto de partida dos modelos productivos que coexisten y que resultan en dos pares socioeconómicos interdependientes e imprescindibles el uno con el otro. En la definición territorial de esta doble polarización se produce una dinámica simultánea y complementaria de centralización y descentralización.

De modo que, dentro de la estructura urbana, coexisten dos estadios diferentes de la evolución socioeconómica que, a su vez, están conformadas por pares complementarios y generan formas particulares de segregación espacial y social. Cada uno de estos pares complementarios tiene una manera propia de ocupar el territorio. Las sociedades se segmentan verticalmente en el ámbito local, al tiempo que los diferentes sectores se hacen homogéneos en el global.

Cada par formado por sectores opuestos se necesitan invariablemente el uno al otro; así, ambos se encuentran encerrados en la dinámica voraz del consumo, pues esta estructura socioeconómica se fundamenta en el ciudadano en tanto que consumidor y no productor. Uno de estos pares se encuentra básicamente distanciado en el espacio geográfico y está formado por una clase sumergida, casi esclaviza-

6 Hajer, Maarten; Reijndorp, Arnold, *In Search of New Public Domain*, NAi Publisher, Rotterdam, 2001.

da, que produce bienes de consumo a bajos costes, y una clase media que consume en masa esos productos. El modelo espacial que sigue esta clase media es la ocupación territorial expansiva, indiscriminada y extensiva, donde son fundamentales las comunicaciones por medio de autopistas y vehículo privado. El uso del territorio es una muestra más del consumo excesivo e inconsciente de bienes, de la soberbia del "tener" que conduce a negar la falta de sostenibilidad del modelo. La distancia entre productor y consumidor favorece la inconsciencia colectiva hacia los problemas derivados de la producción: escaso control sobre los abusos laborales de las empresas, agotamiento de las fuentes de recursos y sistemas naturales, deterioro y contaminación ambiental, destrucción de tejidos sociales y culturales, etc... son estampas de una época falsamente pretérita. El consumidor no es consciente de esas condiciones de destrucción que trae aparejado su consumo, ya que ocurren lejos de su entorno inmediato.

Es en las áreas centrales donde se conforma el otro par complementario formado por dos estratos sociales claramente diferenciados pero plenamente interdependientes. Una sociedad altamente cualificada, de altos ingresos económicos y de empleo formal, se contrapone y complementa a una sociedad informal, de trabajo precario y no cualificado, igualmente imprescindible, que realiza trabajos "no productivos", como de jardinero, canguro, paseaperros, personal de limpieza, etc.

Trabajo temporal, precario y no cualificado: "paseaperros"

"Bajo el actual régimen económico y social, caracterizado por el dominio de los productores de servicios y finanzas [...], se encuentra una parcela de empleo informal y trabajo que no se considera en las estadísticas".[7]

La recuperación sectaria de la ciudad, la expulsión de antiguos y pobres habitantes, es el medio para devolver la nobleza y la calidad urbana a ciertas áreas emblemáticas. Este proceso urbano de recuperación sectorial, clasista y de expulsión del "otro" no es un hecho aislado, sino que se ha utilizado como método en más de una ciudad para su "recuperación". Mike Featherstone ha denominado a este proceso *gentrificación*, un fenómeno que, no por repetitivo, deja de ser menos grave ni preocupante. Así, los jóvenes profesionales de la globalización, sin familia ni compromisos, son quienes eligen mayoritariamente la vida en la ciudad recuperada, porque es el símbolo de la "diversidad" y de la actividad constante que impide el aburrimiento; por otro lado, las viviendas en lugares seguros y apartados se piensan en el supuesto beneficio de los niños, de su crecimiento en un entorno "natural y verde".

Además, dicho proceso produce el efecto de "museificación" de la ciudad, que se queda con una vida embalsamada y perfecta para ser fotografiada, pero vacía del impulso vital de la sociedad y sus diferencias. Esta museificación está enfocada primordialmente al mercado global, al turismo de masas que busca los tópicos de la ciudad, una manera rápida de digerir diferencias mediante una máscara o caricatura.

Los lugares para la vivienda se transforman en verdaderos "no lugares", donde el pasado constituye un decorado, un fondo que pierde su capacidad de ser veraz; todo es simulacro, se ha borrado lo auténtico y se obvia cualquier referencia real. El ascetismo de la seguridad y la igualdad coaccionada transforman el espacio urbano, lo fragmentan y segregan en áreas de códigos internacionales sin referencia a lo local, lo histórico o lo cultural.

■ Nuevas formas residenciales

La tendencia a la segregación espacial en la vivienda se expresa fundamentalmente de tres maneras:

La primera son las rehabilitaciones sectorizadas, donde ciertas zonas de la ciudad renacen y recuperan su vida urbana, frente a otras que caen inexorablemente. Esta

[7] Sassen, Saskia, *La ciudad global: Nueva York, Londres, Tokio*, Eudeba, Buenos Aires, 1999.

recuperación incluye a veces edificios preexistentes, antiguos espacios industriales, infraestructuras o depósitos comerciales, portadores de un valor "histórico" añadido. Generalmente, estas promociones suponen un cambio en los códigos de planeamiento determinado por la presión de intereses privados, que obtienen grandes beneficios mediante la recalificación urbana de sus propiedades inmobiliarias.

La segunda opción, también inserta en el tejido urbano existente, es la de condominios de torres y servicios comunes, con sofisticados sistemas de control y seguridad que, aunque se encuentren dentro de la ciudad consolidada, la niegan; sus fachadas dan a jardines y parques que marcan la distancia respecto a la vida en la calle. Ésta se convierte en el negativo de lo construido, deja de ser una estructura sustentante para pasar a ser más una jaula que un espacio de relación.

Estas opciones buscan sus referencias formales pretendidamente "modernas" en cierto vanguardismo tecnológico, recuperando un espacio "histórico" pero poniendo de manifiesto la diferencia entre lo nuevo y lo viejo. El modelo de recuperación se puede encontrar en diferentes ciudades, especialmente en antiguas áreas industriales o de depósitos, como los antiguos gasómetros de Viena reconvertidos por Jean Nouvel en oficinas, viviendas y comercios de lujo; o en el barrio de Poble Nou en Barcelona convertido en el distrito 22@. De los condominios aislados serían ejemplo Battery Park City en Nueva York[8] y Diagonal Mar en Barcelona.

Al quedar inscritas en la ciudad, estas dos primeras opciones mantienen algún grado de convivencia urbana, a pesar de su negación explícita y de la destrucción del tejido urbano.

La tercera opción consiste en la creación de nuevas áreas urbanas residenciales aisladas y es la opción que mejor evidencia la dinámica global sobre la ciudad, cuyo modelo es insostenible ecológica, social y económicamente. Sin embargo, las superficies urbanizadas de esta manera van en aumento y significan una extensión del territorio sin precedentes.

"La vivienda unifamiliar se presenta como única alternativa, aunque sin considerar realmente los costes de infraestructuras y de gestión a largo plazo de este tipo de urbanización.'Nouveaux villages' y conjuntos residenciales se organizan en calles sin salida, en ocasiones dentro de un recinto cerrado con entrada controlada, lejos de los servicios y de los equipamientos públicos. No se tiene en cuenta la trascen-

[8] Boyer, Marie Christine, *The City of Collective Memory. Its Historical Imagery and Architectural Entertainments*, The MIT Press, Cambridge (Mass.), 1994.

Viviendas en falsos paraísos. Publicidad de promotora en la Costa del Sol.

dencia de la extensión de las redes, del aumento de las distancias, de la dilapidación progresiva de los mejores terrenos agrícolas próximos a las grandes ciudades, igual que se desprecian las reflexiones sobre la vida urbana, la inserción de las actividades productivas en el tejido residencial, las lógicas comerciales y la reducción de los desplazamientos".[9]

Estas nuevas áreas urbanas se fundamentan en la existencia de un mitificado equilibrio entre ciudad y naturaleza en el pasado, basando sus referentes iconográficos en una tradición imaginada, deseada o fabricada, más propia del cine y de los dibujos animados que de una arquitectura histórica real. Se trata de simular historia y naturaleza, de simular un "lugar" cargado de seudo significados.

Para autentificar estos enclaves como ciudad se recurre al nombre, repitiendo nombres de la ciudad de referencia: el valor de la palabra dará validez a la invención. Aunque resulte inverosímil, se propone confundir y asemejar estos espacios con la ciudad real. Aún fuera del reino del turismo, basado cada vez más en la construcción simulada de lugares, también las nuevas y lujosas comunidades cerradas son esencialmente simuladas: comunidades artificiales, árboles y arbustos importados, a veces inexistentes proyectos que intentan ser atemporales y eternos remitiendo a otros tiempos, lugares y culturas. Algunas también buscan una imagen o tema particular, tematizando[10] la arquitectura, como en Lake Las Vegas *resort*, cuyo tema es el Mediterráneo, ampliando la tematización al nombre de cada distrito, Marsella y Siena.[11] Se inventa un nuevo "ruralismo" con el objetivo de crear nuevas comunidades que simulen aquellas que hipotéticamente existieron en otros tiempos. La imagen rural deberá incluir casas con porches, plaza comunitaria, tiendas a una distancia accesible a pie.

"La simulación define el pueblo Celebration, promovido por Walt Disney [...]. Los anuncios de la venta del pueblo dejan claro qué se busca simular en Celebration:

Había una vez un lugar donde los vecinos se saludaban en los calmos crepúsculos de verano [...], donde los niños cazaban luciérnagas. Y las hamacas del porche proporcionan un agradable refugio a las ansiedades del día. Los sábados, se proyectaban en el cine películas de dibujos animados. La frutería tenía servicio a domicilio, y había un maestro que siempre sabía que tú tenías algo especial. ¿Recuerdas ese lugar?"[12]

Las propuestas formales "tradicionales" y conocidas no implican nuevas pautas, ni necesitan cambiarse, sino que proponen y permiten mantener una estructura so-

[9] Panerai, Philippe; Mangin, David, *Proyectar la ciudad*, Celeste, Madrid, 2002.
[10] Hajer, Maarten; Reijndorp, Arnold, *op. cit.*
[11] Davies, Paul, "Private Housing. Lake Las Vegas Resort. Just Add Waters", en Moore, Rowan (ed.), *Vertigo. The Strange New World of the Contemporary City*, Laurence King, Londres, 1999.
[12] Ritzer, George, *El encanto del mundo desencantado. Revolución en los medios de consumo*, Ariel, Barcelona, 2000.

Celebration, promovido por Walt Disney

cial conservadora. La resistencia al cambio de ciertos grupos sociales encuentra en estas propuestas su perfecto espacio urbano.

El desarrollo o la creación de paraísos antiurbanos tiene una larga tradición en Norteamérica, heredera de ideas desarrolladas anteriormente en Europa, especialmente en Inglaterra.

El origen del modelo anglosajón antiurbano puede rastrearse hasta llegar a los utopistas ingleses de mediados del siglo XIX y a los modelos desarrollados por Raymond Unwin y Barry Parker, en especial la ciudad de Hampstead (1905-1907), o a la transferencia de estas ideas a Estados Unidos en urbanizaciones como Coral Glabes, o los desarrollos de Los Ángeles. Son parte de la dialéctica sobre la ciudad, que está presente a lo largo de toda la historia urbana norteamericana, donde el amor por el desarrollo y por los avances de la técnica tiene dos caminos: uno que crea la gran metrópolis y otro que considera la metrópolis como esclava de las máquinas e insalubre y propugna una idea de ciudad agraria y, fundamentalmente, individual.

La herencia o la tradición antiurbana norteamericana, rasteable desde Thomas Jefferson hasta Frank Lloyd Wright,[13] pasando por la de los americanos "puros" —*wasp*: blancos, anglosajones y protestantes—, que rechazan las ciudades del Este por cosmopolitas. Para ellos construyen la metrópolis antiurbana de Los Ángeles, como oposición a todo lo negativo de la sociedad que se condensa en la metropolización de la ciudad, símbolo del "capitalismo exacerbado" y la inmigración de judíos y católicos. En contrapartida, estos discursos en contra de la ciudad y el urbanismo de tradición europea proponen una ciudad agraria e individualista, donde cada uno vive aislado en su casa autosuficiente y se relaciona con otros en los centros culturales y demás equipamientos que forman el centro o los centros de esta nueva comunidad.[14] A lo largo del tiempo se consolida el modelo de la segregación y fragmentación espacial por usos, estatus económico y razas.

Esta tendencia antiurbana se vio potenciada en la década de 1950 con el regreso de los veteranos de la II Guerra Mundial deseosos de encontrar el "hogar" y a quienes se les ofrecieron opciones de viviendas unifamiliares en los suburbios con el ánimo de generar nuevas comunidades instantáneas:[15] ciudades para iguales alejadas de los problemas de las ciudades abandonadas en manos de las minorías raciales y pobres; ciudades dependientes y, a la vez, nutridoras de la incipiente industria masiva del automóvil y de las autopistas.

Con el paso de los años y su creciente oferta funcional, la eclosión del suburbio después de la II Guerra Mundial crearía las *edge cities* (ciudades limítrofes), o conglomerados formados alrededor de autopistas, sin planeamiento ni imagen previa, donde sólo la fuerza del mercado determina su forma.

"*Edge city* representa la tercera ola de nuestras vidas hacia las nuevas fronteras en esta mitad de siglo. Primero trasladamos nuestras viviendas a las afueras, pasando de la tradicional idea de lo que constituye la ciudad. Fue la suburbanización de Estados Unidos después de la II Guerra Mundial.

[13] Ciucci, Giorgio, "La ciudad en la ideología agraria y Frank Lloyd Wright. Orígenes y desarrollo de Broadacre", en Ciucci, G.; Dal Co, F.; Manieri Elia, A.; Tafuri, M., *La ciudad americana*, Editorial Gustavo Gili, Barcelona, 1975.

[14] De Long, David G., *Frank Lloyd Wright y la ciudad viviente*, Vitra Design Museum, Weil am Rhein, 2000.

[15] Cuff, Dana, *The Provisional City. Los Angeles Stories of Architecture and Urbanism*, The MIT Press, Cambridge (Mass.), 2000.

Más tarde, ante la imposibilidad de retornar al centro para las necesidades de la vida diaria, sacamos los mercados afuera [...]. Fue el *malling* de Estados Unidos durante las décadas de 1960 y 1970.

Hoy hemos trasladado nuestros medios de crear bienestar, la esencia del urbanismo —nuestro trabajo— fuera de donde la mayoría de nosotros hemos vivido y comprado durante dos generaciones. Esto ha dado lugar al crecimiento de las *edge cities*".[16]

Como respuesta al anodino e impersonal resultado espacial y formal de estos suburbios infinitos, se formó un grupo de defensores de la vuelta a la arquitectura y la ciudad tradicional que fundarían el *Congress for the New Urbanism* que se convertiría en los principales y más activos productores y propagadores de la ciudad neotradicional y plurifuncional.

■ El *new urbanism:* unas nuevas (viejas) propuestas

A finales de la década de 1980 surge en Estados Unidos un nuevo grupo, autodenominado *new urbanism*, que defiende el acercamiento y la revitalización de las comunidades, basándose en modelos de desarrollo anteriores a la II Guerra Mundial; pretende integrar los componentes de la vida moderna —vivir, trabajar, comprar y recreación— en vecindarios compactos, polifuncionales y amables con el peatón, en relación con un marco regional mayor. El *new urbanism* se presenta como alternativa a la suburbanización desparramada interminablemente sobre el territorio, el *suburban sprawl* (esparcimiento suburbano), una forma de desarrollo de baja densidad formada por áreas monofuncionales que sólo son accesibles en automóvil.

Los líderes de este movimiento hacia un nuevo urbanismo neo tradicional se reunieron en 1993 para formar el *Congress for the New Urbanism* (CNU), con sede en San Francisco. Los fundadores fueron Andres Duany, Elizabeth Plater-Zyberg, Peter Calthorpe, Daniel Salomon, Stefano Polyzoides y Elizabeth Moule, y llegó a contar con 1.500 miembros en 1999.

"*New urbanism* tiene que probar, con el tiempo, que sus ideas son superiores tanto para la revitalización de viejas ciudades y pueblos como para construir nuevas comunidades. Si pueden realizar estos retos —y los primeros proyectos así lo demuestran—, el *new urbanism* está destinado a ser el camino dominante en las inversiones inmobiliarias y el planeamiento del próximo siglo".[17]

[16] Garreau, Joel, *Edge City. Life on the Urban Frontier*, Doubleday, Nueva York, 1991.
[17] CNU (Congress for the New Urbanism), "New Urbanism Basics". www.cnu.org.

ANDRES DUANY
ELIZABETH PLATER-ZYBERK
TOWN PLANNERS

GREAT SENECA DEVELOPMENT CORPORATION
OWNER

KENTLANDS

Inicialmente denominado como "planeamiento neotradicional", el *new urbanism* ha sido reconocido a partir de proyectos como Seaside (Condado de Walton, Florida, EE UU, 1981) y Kentlands (Gaithersburg, Maryland, EE UU, 1988) de Andres Duany y Elizabeth Plater-Zyberg; y Laguna West (Condado de Sacramento, California, EE UU, 1990) de Calthorpe Associates. Los principios definidos por el *new urbanism* no son sólo aplicables a nuevas ciudades, sino que defienden su utilización en centros urbanos y afirman que debe darse prioridad al desarrollo urbano en áreas interiores de las ciudades, realizando preferentemente *infills* frente al esparcimiento de nuevos suburbios. Sus teorías han sido probadas, en su mayoría, en nuevos barrios o comunidades cerradas, aunque han realizado algunas intervenciones en el interior de las ciudades. Sea cual sea el entorno donde trabajan, sus propuestas formales se remiten a un tardío posmoderno neotradicionalista. Su discurso escrito y gráfico es más apropiado y adaptable a una estrategia de *marketing* inmobiliario dirigido a una clase media que tiene miedo de la verdadera ciudad y sus diferencias, y más aplicable a la simulación de la realidad que a la complejidad propia de la ciudad.

Las voces críticas dentro de los congresistas en el encuentro de 1998, cuyo tema central de debate era la recuperación de centros urbanos, dejaron claro que el verdadero reto para el *new urbanism* es su aplicación en los centros urbanos.

Sus raíces se remontan al urbanismo de principios del siglo XX, principalmente a la teoría de Raymond Unwin expresada en su libro *Town Planning in Practice*, para el que Andres Duany realizó el prólogo de la reedición en inglés de 1994, dejando clara la influencia de este pensamiento sobre el *new urbanism*.

"Contiene lo que aún hoy son las más importantes y útiles instrucciones para el diseño de barrios y nuevas ciudades. Tras dos generaciones de amnesia profesional [...] se reedita […] como manual moderno de la técnica [...].

Las comunidades que aún se mantienen como el resultado de sus indicaciones, todavía tienen éxito [...], como los casos de Letchworth, Hampstead y Welwyn en Reino Unido, y Yorkship y Mariemont en Estados Unidos".[18]

Duany continúa alabando en el prólogo las virtudes y fortaleza del modelo promovido por Raymond Unwin, "un modelo integrado e integrador". Fundamentalmente reseña las virtudes como manual del libro, la capacidad de integrar cuestiones técnicas, sociales, económicas, estéticas y medioambientales traducidas a prescripciones físicas y formales.

En este texto se entrevé su postura que se niega a aceptar los avances y cambios tanto sociales como técnicos, siendo uno de sus puntos más negativos. No se puede pensar el siglo XXI con modelos del siglo XIX. Defender la construcción del presente como si del pasado se tratara es lo que Ada Louise Huxtable denomina como el "Estados Unidos irreal", la simulación o repetición imposible de la historia para esconder el mayor negocio inmobiliario de todos los tiempos.

Página anterior:
Duany Plater-Zyberk and Company.
Planeamiento de Kentlands,
Maryland, EEUU, 1988

"La revolución en la vida y la tecnología nunca es reversible. Cada arte está profundamente arraigado en su propio presente [...].

Actualmente, la herencia y la actitud de la *tabula rasa* continúa en los desarrollos inmobiliarios que canibalizan mordiscos y pedazos de la historia, y que en las comunidades proyectadas utilizan precedentes que rememoran estilos vernáculos y viejos y amables tiempos. Nuevas ciudades como Seaside (Florida) y Kentlands (Maryland), diseñadas por Andres Duany y Elizabeth Platter-Zyberk [...], son los prototipos prácticos para producir desarrollos residenciales neotradicionales, basados en un pasado de comunidad ideal que han pasado a ser parte de la mitología del sueño americano. Las nuevas ciudades de Duany y Platter-Zyberk demuestran lo bien que pueden recrearse estos modelos idealizados por arquitectos capaces y confiados [...]. Al reducir la definición de comunidad a una estética social romántica, enfatizada por los porches en fachada, estilos históricos y trayectos recorribles a pie a las tiendas o a las escuelas como respuesta a la dispersión suburbana —el sueño americano doméstico de posguerra que ha caído a medida que los problemas suburbanos se multiplicaban—, se ha evitado la cuestión de la urbanización para convertirse en parte del problema. Sólo ahora los que proponen el regionalismo nostálgico están empezando a enfocar la revitalización de antiguas comunidades de la ciudad interior".[19]

Además de la referencia a Raymond Unwin, existe una tradición norteamericana de planeamiento en este sentido y del que son herederos las propuestas de urbanizaciones del equipo formado por Andres Duany y Elizabeth Plater-Zyberg:

"Duany y Plater-Zyberk ponen sus ojos en la realidad de las cosas tal como son; es por eso que Seaside resulta tan impactante y atractivo [...]. Sus proyectos se fundan en la herencia y la enseñanza derivadas de Versalles, así como toda la tradición francesa de planeamiento, de donde Washington, no menos que el moderno París, tomaron su forma, pero también de la floreciente profesión de urbanistas estadounidenses anterior a la llegada de Walter Gropius a Harvard [...]. Todas las formas urbanas de Seaside se encuentran en el plan de Nolen para Venice y Clewiston (Florida): la malla,

[18] Duany, Andres, prólogo a Unwin, Raymon, *Town Planning in Practice: an Introduction to the Art of Designing Cities and Suburbs*, Princeton University Press, Nueva York, 1994; (este prólogo no está incluido en la versión castellana: *La práctica del urbanismo. Una introducción al arte de proyectar ciudades y barrios*, Editorial Gustavo Gili, Barcelona, 1984).
[19] Huxtable, Ada Louise, *op. cit.*

el gran hemiciclo y las avenidas en diagonal. Por supuesto, Nolen no es el único en su época. Urbanistas de las décadas de 1910 y 1920, como Frederick Law Olmstead Jr., Frank Williams, Arthur Shurtlief, Arthur Comey, George y James Ford [...].

Lo que se denomina *new urbanism* es, en gran parte, la recuperación del *revival* de la tradición urbanística clásica y vernácula anterior a la perversión de sus métodos y objetivos llevada a cabo por el Estilo Internacional".[20]

Si bien el *new urbanism* toma conceptos de proyecto de la historia, en ciertos aspectos las casas y los vecindarios deben adecuarse a las exigencias contemporáneas, y las tiendas y negocios tienen espacios para aparcamiento de coches y "plantas modernas". Otra diferencia entre el viejo y el nuevo urbanismo es la malla de las calles, en la medida en que las ciudades históricas en Estados Unidos se estructuran mayoritariamente en una trama de dameros pensadas para la circulación. En cambio, el *new urbanism* utiliza comúnmente una "malla modificada" con intersecciones en T y desvíos de calles, para ralentizar el tráfico y aumentar el interés visual.[21]

Los miembros del *new urbanism*, como poseedores de una verdad absoluta, han constituido sus principios básicos establecidos en la *Charter of the New Urbanism*, aplicables en todos los lugares, un Estilo Internacional como el que ellos denostan pero al revés, puro revisionismo y nostalgia. La *Charter of the New Urbanism* se divide en tres escalas de aproximación: región-ciudad-pueblo, barrio-distrito-corredor y bloque-calle-edificio. Nuevamente, las intenciones de la carta son indiscutibles en la mayoría de los casos, si es que no miramos los resultados obtenidos, que son sucedáneos de ciudad, envoltorios vacíos de vida urbana.

Por su parte Andrés Duany y Elizabeth Plater-Zyberg han redactado en trece puntos los principios para las comunidades-pueblo, destacando las necesidades de la significación del lugar; de la distancia peatonal entre viviendas y equipamientos; de la variedad de ofertas de tipos de vivienda, de oficinas y comercio para las necesidades semanales; de las escuelas primarias y los espacios de juego a corta distancia de los hogares; de las calles como redes que multiplican las conexiones entre diferentes áreas; de las calles estrechas y arboladas; de ocultar aparcamientos, de los edificios cívicos —que no públicos, un significativo y sutil cambio en la terminología—:

"12. Ciertos lugares importantes al final de las vistas de la calle o en el centro comunitario se reservan para edificios cívicos. Dando lugar a espacios para la reunión de la comunidad, actividades educacionales, religiosas o culturales.

[20] Scully, Vincent, "The Architecture of Community", en *The New Urbanism*, McGraw-Hill, Nueva York, 1994.
[21] Steutevill, Robert, "The New Urbanism: an Alternative to Modern, Automobile-Oriented Planning and Development", en *The Urban News* (www.newurbannews.com).

13. La comunidad está organizada para autogobernarse. Una asociación debate y decide sobre cuestiones de mantenimiento, seguridad y cambios físicos. Los impuestos son responsabilidad de la comunidad mayor que los alberga".[22]

Las propuestas del *new urbanism* hacen explícito el deseo de "reconstruir una comunidad", negando la "modernización" técnica y de los lenguajes arquitectónicos y escondiendo la utilización de medios propios de la época bajo una pátina de tra-

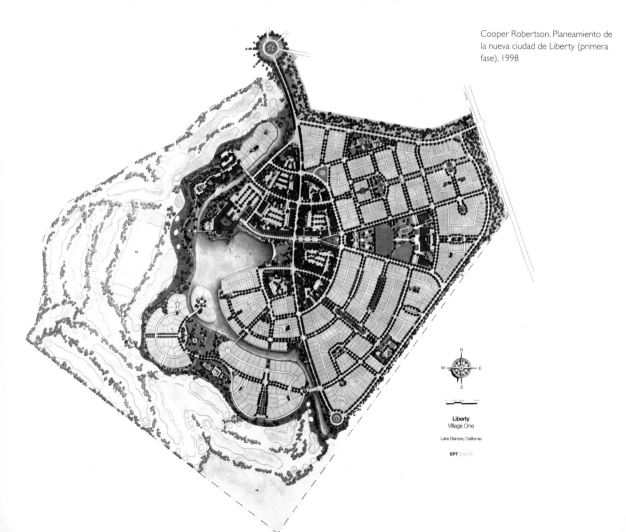

Cooper Robertson. Planeamiento de la nueva ciudad de Liberty (primera fase), 1998

Liberty
Village One

Lake Elsinore, California

EPTDESIGN

dición e invariabilidad. Se busca detener el tiempo, construir un decorado donde la vida transcurra sin alteraciones. El manifiesto pone de manifiesto la dificultad de abordar las cuestiones complejas de la ciudad contemporánea. Tomando sus medidas óptimas, sería necesario atomizar la ciudad en pequeñas Arcadias independientes y autónomas.

Lo que hace diferente las propuestas del *new urbanism* de otras propuestas inmobiliarias de imagen similar es su máscara intelectual y teórica. Pero si nos limitamos a comparar los resultados difundidos hasta el momento, no difieren de los pueblos escenográficos construidos por promotores privados en cualquier área exterior a las ciudades.

Dualización residencial en Buenos Aires

En las ciudades latinoamericanas, donde la inseguridad de toda índole —económica, física, laboral y social— acampa por doquier, se impone el modelo de la huida de la realidad y del aislamiento. Quien tiene dinero para ello, abandona la ciudad para refugiarse en los lugares míticos.

El espacio urbano, como efecto del miedo y del abandono, se escinde en zonas seguras, de "felicidad controlada", y en zonas de alta peligrosidad, cada vez más confundidas con el espacio de la ciudad real. A la sensación de que la agresividad está en la ciudad como lugar del encuentro de los distintos, del "otro", se responde con la construcción de "símil-ciudades", donde se representan situaciones, símbolos lingüísticos o referenciales de algo que puede imaginarse que fue, y que en la memoria colectiva se representa como imágenes de la ciudad. Se construye una meta-ciudad utilizando las formas vaciadas de su contenido original, cuyo nuevo significado está basado en referencias a las imágenes que la publicidad invoca y valida para provocar que nos sintamos en un lugar conocido y, por tanto, seguro. La seguridad se ve reforzada por la existencia exasperante de controles: guardias privados de seguridad, cámaras de circuito cerrado de televisión, rejas y barreras para mantener la seudo vida urbana a salvo. El resultado es un zoológico humano donde se intenta replicar los hitos, esquemas y modos de relación de la ciudad, en un espacio artificialmente creado, controlado y mantenido.

Un escenario similar al que se presenta en la película *El show de Truman* [1998], donde la vida plácida y segura del protagonista es un guión montado y dirigido por

22 Steutevill, Robert, *op. cit.*

otro; donde no hay vida verdadera y todo es una historia prevista y previsible, sin riesgo ni sorpresas; todo está donde debe estar y todos somos iguales, todos somos yo. La autorreferencia proporciona seguridad: reconocerse en el otro es reconocerse a uno mismo y no temer. El temor creciente a vivir los espacios públicos es resultado del aumento de la construcción de "no lugares". La apariencia y la idealización de la vida urbana se imponen sobre el trabajo que supone la convivencia y compartir el espacio entre distintos.

Se impone una vida urbana basada en ir de un lugar a otro, de una burbuja a otra buscando mónadas de bienestar y felicidad, sorteando los espacios de la contaminación y las trincheras de la calle.

Ninguna ciudad escapa a la dualidad que fomenta la actual economía, un proceso general de transformación urbana encaminado a la degradación y fragmentación de la vida social, que pone de manifiesto dos "velocidades" sociales. Una primera conectada por autopistas reales y virtuales, con un gran consumo y amplio acceso a las ventajas de la globalización, y una segunda dirigida a los no conectados, a aquellos que habitan en un medio degradado, con trabajo precario (si es que lo tienen) y con posibilidades mínimas (cuando no inexistentes) de acceso a la salud, la educación y la vivienda. Las barreras de carácter cultural, económico y social entre ambos sectores se refuerzan con la existencia de verdaderas barreras materiales entre unos y otros.

Si observamos la ciudad de Buenos Aires, el nuevo panorama social y territorial choca con una de las características de su estructura espacial: la heterogeneidad articulada y compacta de lo construido, asentado sobre el trazado en damero.

La morfología básica de Buenos Aires parte del trazado original basado en las Leyes de Indias. Al ser una población ribereña, la plaza no ocupa una posición central, sino que se apoyó sobre el río, desarrollándose a la mitad del trazado. La ciudad fue creciendo según estas coordenadas, aunque, en su camino, las direcciones de las calles se han modificado debido a la conjugación necesaria entre la pauta reguladora y el lugar. Un condicionante propio es la estructura semirradial de caminos que provoca cambios en su encuentro con la trama ortogonal, tales como diagonales, desvíos o corte de calles. Por otro lado, el crecimiento histórico de la ciudad también fue amoldando y modificando la trama. Históricamente, la ciudad ha servido de soporte a diversas experiencias urbanas, que no siempre han coincidido con su trama, configurando así una ciudad cuya aparentemente simple y obvia

morfología no lo es tanto. Sobre el damero se han solapado diferentes estructuras que son el resultado de diferentes teorías y formas urbanas. Sobre la regularidad de su traza se extiende un abanico de tipologías edificatorias.

La estructura semirradial de los primeros caminos, seguidos más tarde por el trazado de las líneas férreas, ha estructurado la ciudad según cinco ejes principales, remarcados sucesivamente con la superposición de los trazados de las principales avenidas y el metro. Dicho trazado ha generado áreas de gran densidad en sus alrededores para disminuir a medida que se alejan de éstas. Se podría describir como un sistema de montañas y valles, cuyos picos de mayor altura (o densidad) se sitúan sobre los trazados de las infraestructuras.

Sin embargo, la nueva cultura urbana de la autosegregación, fragmentación socioeconómica y zonificación funcional genera sobre la trama áreas residenciales calificables como fortificaciones, pues a pesar de estar insertadas en la trama urbana y circunscritas a los espacios configurados por calles y avenidas, no "hacen" ciudad. La fachada como conformadora esencial del espacio urbano de la calle se transforma en empalizada o reja, perdiéndose así el espacio permeable de transición y relación entre lo público y lo privado. En la actualidad, la fachada constituye un límite marcado por el control del ojo invisible de la tecnología que vigila. El cambio de la fachada osmótica y vividera por una empalizada de rejas y controles invisibles destruye las vivencias en el espacio público, que pasa a ser un espacio de nadie.

Estos cambios se han debido a la conjunción de diferentes factores. Por un lado, en el ámbito nacional, el Plan de Convertibilidad (de mayo de 1991) reactivó —aunque basándose en el aumento de la deuda pública— la industria de la construcción y el mercado inmobiliario, que estaban casi estancados en la década de 1980. Por otro, los créditos hipotecarios, con niveles altísimos de rentabilidad para los bancos (tipos al 16-17 %, y en dólares) que permitió el endeudamiento de las familias para adquirir viviendas. Factores que, junto a la caída de las tasas de interés y la incertidumbre bursátil internacional, hicieron que el capital financiero buscara otros rubros de inversión de mayor rentabilidad, como la producción de bienes de consumo, entre los que se incluyen la vivienda y los productos urbanos.

La mentalidad de la inversión financiera global, que aplana las diferencias entre lugares y realiza ficticias cuentas de beneficios, ha hecho aflorar un exceso de viviendas-torres de marfil. En el mejor de los casos, estas viviendas son reabsorbidas cuando se sitúan en áreas urbanas consolidadas que disponen de una estructura social y económica estable. En este sentido, el tejido heredado de la cuadrícula urbana actúa como soporte ante la invasión de estos contenedores autónomos. Pero cuando se sitúan en áreas débiles, donde sería más necesaria la recuperación y la sutura, su efecto es el contrario, fragmentan aún más la ciudad y la sociedad y se convierten en espejismos de una realidad lejana e inalcanzable. Para algunos urbanistas,[23] la fuerte estructura urbana y de lotes de la ciudad condiciona negativamente la presencia de "grandes productos urbanos", que son, según la lógica del gran capital, los elementos imprescindibles para la recuperación de las ciudades que dejan de lado al pequeño promotor o cooperativas. Aquello que representa un problema para los inversores puede convertirse en el factor local que permita la regeneración urbana con patrones a escala de la ciudad y de los ciudadanos. La lógica de la arquitectura del espectáculo y la especulación financiera se sustenta en la necesidad de grandes espacios para construir.

■ Del barrio a la ciudad cerrada

El creciente discurso del peligro que acecha en las grandes ciudades provoca la aparición de la necesidad de un nuevo entorno donde los iguales están segregados

en "guetos" deseados de felicidad, que hacen referencia a un pasado mítico urbano como lugar de comunión con la naturaleza y con los otros.

Se construyen enclaves como proyección proléptica[24] de la ciudad, proyección basada en la creencia de recordar y reconstruir un pasado que nunca existió pero que se formula como real desde el discurso. Estas ciudades de iguales que viven en armonía con la naturaleza en consonancia con el estado de democracia e igualdad sublimes que ha alcanzado la sociedad, según los profetas de la globalización y a través de los nuevos medios. Este fenómeno llevaría a la disolución de la ciudad urbana para dejar paso a pequeñas comunidades, tal como las encontramos en las definiciones de ciudad que Frank Lloyd Wright explicaba en sus conferencias, y que actualmente se defienden desde diferentes posiciones no solidarias:

"La necesidad construyó la ciudad cuando no teníamos medios rápidos y universales de transporte, y no teníamos medios de comunicación excepto por varios contactos personales directos. Entonces la ciudad se convirtió naturalmente en el gran lugar de reunión, el gran centro, la fuente inmediata de riqueza y poder en el desarrollo humano [...].

Lo que en un tiempo hizo que la ciudad tuviera un gran y poderoso interés para el hombre [...], llevará a la ciudad a otra parte, y la convertirá en otra cosa [...].

La libertad del alcance y el movimiento humano, y por lo tanto el horizonte humano como esfera de acción, se han ampliado inconmensurablemente en una década, por obra del nuevo servicio prestado por la máquina. La horizontalidad ha recibido un ímpetu que ensancha inconmensurablemente las actividades humanas [...], la necesidad de concentración que edificó originariamente la ciudad, está llegando a su fin".[25]

Según este razonamiento, desde la aparición del automóvil no habría necesidad de vivir en la ciudad, ni de compartir experiencias de relación directa entre las personas al azar. El individuo libre de ataduras puede vivir, pues, aislado en su propio mundo. El fin de la ciudad como lugar imprescindible de encuentro y relación ha vuelto a aparecer a finales del siglo XX como idea original y novedosa gracias a las TIC. Han aparecido el ágora electrónica y las relaciones personales[26] de todo tipo a través de los medios de comunicación como sustituto de la ciudad. Pero, ¿dónde se habita? A pesar de los avances tecnológicos, nuestro "antiguo cuerpo" necesita un espacio físico y tangible donde habitar; y es en estos enclaves residenciales como paraísos artificiales hiperconectados donde es posible el fin de la ciudad.

[23] Pesci, Rubén, La ciudad de la urbanidad, Kliczkowski Publisher/ASPPAN/CP 67, Buenos Aires, 1999.
[24] Vidler, Anthony, The Architectural Uncanny (en especial: "III Spaces. Posurbanism"), The MIT Press, Cambridge (Mass.), 1996.
[25] Wright, Frank Lloyd, "La ciudad" (conferencia de Princeton University, 1930), en El futuro de la arquitectura, Poseidón, Barcelona, 1978.
[26] Echeverría, Javier, Telépolis, Destino, Barcelona, 2000²; Mitchell, William J., City of Bits. Space, Place, and the Infobahn, The MIT Press, Cambridge (Mass.), 1995.

La idea de lograr un entorno ideal para vivir, una ciudad a escala humana, recorrible a pie, donde sus habitantes sean iguales, ha llegado tan lejos como para plantear "ciudades privadas". Propuestas que, desde el propio término, son incongruentes, puesto que una ciudad nunca puede ser privada; una ciudad es, entre otras cosas, un lugar donde habita gente distinta, con espacios públicos, con espacios de libertad y con movimientos sin control. En las propuestas de exclusión no es precisamente donde podremos encontrar un germen de ciudad.

La segregación a una ciudad ideal se materializa en los barrios cerrados, donde el espacio seudo público y el privado se enlazan sin solución de continuidad, donde los peligros de la ciudad se exorcizan gracias al control. Los sistemas de seguridad pueden ser simplemente físicos —murallas, cercas y rejas— o sofisticados controles tecnológicos y los imprescindibles servicios privados de seguridad. La seguridad se paga con una falta absoluta de intimidad y libertad de movimientos; todas las entradas, salidas o desplazamientos internos en este recinto son vigilados por miles de ojos. Asimismo, los vecinos se convierten en vigilantes de las normas de conducta, no sólo en el espacio comunitario, sino de la intimidad, puesto que en la mayor parte de estos barrios existen normativas que prohíben obstruir las visuales de una casa a otra. La casa-escaparate y la seguridad a cualquier precio conlleva una pérdida total de intimidad y vida privada.

La instalación de los barrios cerrados trae consigo la aparición de otros productos urbanos que se apropian y seccionan territorio para suplir otras funciones. En los alrededores de los barrios cerrados aparecen centros comerciales, hipermercados, complejos gastronómicos y deportivos —especialmente golf, polo y rugby—, centros de convenciones, hoteles, viveros, colegios y universidades privadas, e incluso la oferta se completa con cementerios privados, tanto para seres humanos como para animales de compañía.

Generalmente, una única empresa lleva a cabo este conjunto de actuaciones, llamados megaproyectos y basados en un proyecto-ancla, que suele ser un centro comercial o parque temático que da valor al entorno. El incremento del valor del suelo, con operaciones de inversión relativamente baja, hace que estas operaciones sean el ideal de la especulación financiera en un momento de intereses bajos y riesgos bursátiles.

El crecimiento de los barrios cerrados es desmesurado en algunas ciudades latinoamericanas y en la última década del siglo XX ha sido especialmente espectacular en Buenos Aires.[27] Hasta 1999, la superficie urbanizada por los barrios cerrados ocupaba 178 km², cuando la ciudad de Buenos Aires tenía un total de 200 km²:

[27] Aydet (Análisis y desarrollo económico territorial), "Localización y características de la residencia de alto y medio-alto estándar en diez ciudades argentinas", Buenos Aires, 1999.

"El caso de la nueva suburbanización es el más novedoso y emblemático: en apenas la segunda mitad de la década se ha completado más del 60 % de los 300 km² (una vez y media la superficie de la ciudad capital) [...]. No se trata simplemente de un proceso de descentralización urbana, sino de un cambio radical en la sensibilidad social, que ha encontrado nuevos modelos urbanos-territoriales [...]. Esta articulación de 'macroemprendimientos' privados con micropropuestas de la sociedad en el novedoso marco puesto por la fractura social y urbana, no ha significado meras alteraciones de la ciudad existente, sino la conformación de un sistema urbano completo y nuevo, y en ese sentido, el efecto que se buscaba con los barrios cerrados es el mismo que el de las torres-*country* que aíslan manzanas completas dentro de la trama urbana [...] y presuponen la decadencia de las redes públicas de la ciudad. Son máquinas de dualizar, en una ciudad que se había resistido —y se resiste todavía— a la simplificación dualista".[28]

En las dos últimas décadas del siglo XX, la mejora en las autopistas, junto a la cada vez mayor psicosis de inseguridad y al aumento de la escisión social como resultado de las políticas económicas imperantes y al discurso seudo ecologista de vuelta a la naturaleza, han hecho posible que en agosto de 1999 hubiera un total de 198 barrios cerrados, 117 clubes de campo, 14 *countries* náuticos —que ofrecen la posibilidad de tener una casa sobre el río con amarre propio, o bien, como complemento de uso comunitario, tienen un pequeño puerto deportivo propio—, 17 chacras —toman el nombre de un tipo de parcelación rural dedicada a la agricultura no extensiva, fundamentalmente de hortalizas y frutales, por lo que las parcelas tienen entre 2 y 5 ha y se encuentran a mayor distancia del centro urbano que los otros tipos—, un pueblo privado y una ciudad-pueblo. Comparando los datos

[28] Silvestri, Graciela; Gorelik, Adrián, "Ciudad y cultura urbana, 1976-1999. El fin de la expansión", en Romero, J. L.; Romero, L. A., *Buenos Aires. Historia de cuatro siglos* (tomo 2: *Desde la ciudad burguesa hasta la ciudad de masas*), Editorial Altamira, Buenos Aires, 2000².

del Instituto de Capacitación de la Cámara Inmobiliaria Argentina, en 1996 había 85 barrios privados y 90 *countries*. El crecimiento de la oferta ha sido del 245 % en tres años. Si pensamos que entre 1994 y 1996 la población que pasa a vivir de forma permanente en las fortificaciones residenciales asciende de 1.450 familias a 4.000; la magnitud del cambio es preocupante, como también lo son los efectos sobre la ciudad abandonada: la sensación de pérdida de quienes se quedan y creen vivir en una ciudad asediada por pobres y violentos. Los sectores que abandonan la ciudad son los más solventes y, por tanto, con ellos se van los impuestos y la cadena de relaciones comerciales y laborales de la convivencia urbana. La ciudad pierde activo, pero se le sigue exigiendo que preste los mismos servicios. Y, a pesar de la oferta de espacios de consumo, que aparecen como setas alrededor de las promociones de vivienda, la ciudad sigue siendo el lugar obligado y necesario de encuentro, trabajo, salud, educación, etc.

La opción de vivir en estos falsos paraísos es una vida cara, aislada y en soledad que dificulta el desarrollo real de las personas. Como estos enclaves asumen su aislamiento con respecto al municipio donde se instalan, en un principio no le demandan que supla sus carencias de infraestructura. Pero cuando esto sucede, ya sea en América del Norte, América del Sur o Europa, los municipios, que aceptaron gustosos el urbanismo disperso por considerarlo una fuente de ingresos de la nueva construcción, y de sus nuevos habitantes, se dan cuenta de que no pueden servir de equipamientos e infraestructuras urbanas a áreas tan débilmente habitadas.

Los últimos emprendimientos del siglo XX mostraron un salto cuantitativo en tamaño, pasando del barrio cerrado a la miniciudad, que se diferencia de los anteriores por una oferta de servicios más compleja y por su mayor envergadura. La promoción se fundamenta como una nueva manera de habitar: "la ciudad se lleva al campo". Entre estas ofertas se encuentran Estancias del Pilar y Pilar del Este (550 ha) ambas en el municipio de Pilar, a 50 km al noroeste de Buenos Aires, y Nordelta en el municipio de Tigre, a 30 km al norte de Buenos Aires. Las tres promociones se apoyan en el trazado de la autopista de conexión con Buenos Aires.

La condición de ciudad se ha reducido a ser un lugar de consumo, y la de ciudadano a mero consumidor.

Una ausencia que denota la gran gravedad de estas propuestas es la falta de espacios de representación civil y política. Es una sociedad que plantea su nexo de unión en términos contractuales entre propietarios, que se regirá como una

empresa, sin más compromiso que un interés económico, que se supone igualitario, aunque momentáneo. Es una "ciudad" gestionada como una comunidad de propietarios, y, por supuesto, constituye la antítesis de la conformación social de la ciudad como asociación donde todos sus componentes pertenecen a una misma clase social.

Otro elemento que destacan los promotores de las "futuras ciudades", especialmente en Pilar del Este, es que en su interior no habrá grandes centros comerciales, sino que el espacio de compras es un *market place*, al estilo americano". De nuevo, el simulacro, los *market places* se inspiran en un *collage* fragmentario de los lugares de mercado de la ciudad europea, la copia pierde el referente real y alude a la ficción como realidad. La vuelta a la ciudad "humana" viene marcada por el hecho de disponer de lugares de compra alrededor de una plaza, un lugar de mercado y de encuentro, una vuelta a la tradición, pero no una tradición propia, sino la que viene avalada por la sociedad y la cultura norteamericana. La oferta del *market place*

Casa Nogal
Barrio Los Jazmines

PILAR
del
ESTE

Ciudad Verde

opuesta al centro comercial no deja de ser paradójica, ya que, generalmente, ambos negocios inmobiliarios son promovidos por los mismos inversores. Cuando la imagen es pura simulación, o sea, que ha perdido sus referencias y su origen, no es nada. Todo ello viene enfatizado en este caso por la utilización del significado de la palabra —fundamental en este tipo de propuestas—, lleno de códigos dirigidos a la clase media porteña. Dentro de estos códigos de la apariencia, la elección del nombre de Pilar del Este no es gratuita, ya que evoca inevitablemente al paraíso veraniego soñado por la clase media y alta que es la ciudad de Punta del Este, en Uruguay.

La ciudad es superior a la suma de sus partes. El derecho de acceso al espacio público, la mezcla social y la interdependencia de los diferentes sectores son valores fundamentales que no pueden limitarse a la invención de un sistema de reclusión-exclusión. La ciudad debería poseer diferentes mecanismos que intenten eliminar la desigualdad socioespacial y, en este sentido, constituye un sistema de espacios públicos como lugar de expresión de la fiesta, pero también de la protesta y de la mezcla social, hacia adonde deben apuntarse los esfuerzos por hacer ciudad.

¿Cuáles son las imágenes a las que se remiten las viviendas de los barrios cerrados suburbanos, de los barrios cerrados en altura, y el de la recuperación de los edificios históricos? Poseen una manera común de hacer y con una imagen clónica en todo el planeta.

Si tomamos como cierta la hipótesis de que es en "el consumo donde se construye parte de la racionalidad integradora y común de una sociedad",[29] nos podríamos preguntar por el tipo de sociedad que genera este consumo de modos de vida a través de los barrios cerrados y si éste puede ser el germen de una nueva sociedad urbana. Una sociedad urbana marcada por la segregación y la separación, finalmente no es sino un espejismo más de la sociedad de consumo que constantemente nos encanta con sus propuestas para, acto seguido, decepcionarnos y seguir el camino frustrante e inalcanzable de la felicidad propuesta, buscando siempre ese modelo inalcanzable.

[29] Mignaqui, Iliana, "Dinámica inmobiliaria y transformaciones metropolitanas. La producción del espacio residencial en la Región Metropolitana de Buenos Aires en los '90: una aproximación a la 'geografía de la riqueza'".

Por lo tanto, tampoco se concreta ni se alcanza la felicidad que estos enclaves proponen. Tras dos años de haber vivido en los barrios cerrados, la gente empieza a dudar de tan fabulosa decisión. Las razones que cuestionan la vida en estos enclaves son: el encarecimiento excesivo de los gastos de movilidad diaria, el aislamiento en el que, pasada la primera época de novedad, se acaba viviendo, pues las visitas de los amigos "urbanitas" se hacen cada vez más esporádicas; las dificultades a las que se enfrentan las familias con hijos adolescentes para que puedan tener una vida acorde con su edad, es decir, una vida con libertad de movimientos y relaciones sociales. Pero no sólo se trata del aburrimiento o las dificultades de comunicación y movilidad, sino que la misma violencia social de la que se había huido continúa en los paraísos protegidos, al descubrir que el enemigo puede ser uno mismo y no el "otro".

La violencia y la inseguridad en el interior de estos barrios comienza a denunciarse poco a poco, aunque pasa casi desapercibida. Los problemas de inseguridad están provocados en su mayor parte por los propios habitantes del barrio, ya que el ingreso es prácticamente imposible para un extraño. Las denuncias incluyen pintadas de corte xenófobo y antisemita, y destrozos y ataques a la propiedad privada, como, por ejemplo, rotura de vidrios. Sin embargo, los habitantes apenas denuncian hechos delictivos, porque, por un lado, conllevaría una pérdida del valor de sus inmuebles y, por otro, las pocas denuncias existentes tampoco repercuten en los medios de comunicación de masas, tal vez porque los intereses de quienes promueven estos barrios y de quienes manejan los medios de comunicación acaban convergiendo. La ciudad real continúa siendo estigmatizada y denunciada por su altísima peligrosidad.

Cuando somos consumidores o clientes, nuestra fidelidad es proporcional al precio que hemos pagado. De igual modo, las escuelas y universidades privadas están exentas de toda crítica. ¿Quién criticaría por aquello que ha pagado tanto? ¿Quién pondría en peligro su inversión? El negocio de la globalización sobre la ciudad y sobre la vida esclaviza a sus propios adeptos.

Es imposible crear mundos cerrados, ya que también allí se reproducen las conductas incívicas y los desajustes. La quiebra del paraíso puede hacerlos aún más inquietantes y siniestros que en la ciudad. Las burbujas de seguridad tampoco son inexpugnables; los secuestros, los asesinatos y los robos también ingresan en la vida modélica.

■ Genealogía del barrio cerrado

La Ley de Ordenamiento Territorial (Ley 8.912-1977) intentó detener el proceso incontrolado de expansión y suburbanización espontáneo, estableciendo que para la concesión de licencias de obra se debería realizar las obras de servicios urbanos (agua, alcantarillado, electricidad) y estableció también dimensiones mínimas para las parcelas. Además tipificaba las condiciones para constituir un club de campo o *country*:

"Artículo 64: [...] se entiende por club de campo o complejo recreativo residencial un área territorial de extensión limitada que no conforma núcleo urbano y reúna las siguientes características: que esté localizada en área no urbana, que una parte de la misma se encuentre equipada para la práctica de actividades deportivas, sociales o culturales en pleno contacto con la naturaleza, que la parte restante se encuentre acondicionada para la construcción de viviendas de uso transitorio, que el área común de esparcimiento y el área de viviendas guarden una mutua e indisoluble relación funcional y jurídica".

De todos modos, la historia de los *countries* se remonta a principios de la década de 1930 con la realización del Tortugas Country Club, el segundo fue Hindú Club, en Don Torcuato, a finales de la misma década, a los que siguieron Highland Park en Ingeniero Maschwitz en la década de 1940, y Olivos Golf Club en la de 1950, aunque su gran expansión será a partir de la década de 1970, la del terror de la última dictadura, en que el mercado comprador se amplió a capas medias de la sociedad. Los *countries* tienen como finalidad principal la segunda residencia vinculada a la práctica deportiva; fueron desarrollados a partir de diferentes agrupaciones civiles, siendo las más importantes los clubes deportivos. El desarrollo de los *countries* creció hasta los años 1981-1982; a partir de entonces se produjo un fuerte estancamiento del mercado inmobiliario, como consecuencia de la recesión económica que siguió a las sucesivas devaluaciones del final de la dictadura militar y que se prolongaron durante el primer gobierno democrático de 1983-1989. Este estancamiento tuvo su momento de inflexión a comienzos de la siguiente década, cuando se inició el desarrollo de los barrios cerrados que, a diferencia de los *countries*, se destinaron a primera vivienda. Los primeros en desarrollarse fueron los más cercanos a la Capital Federal, y estaban dirigidos a segmentos con un alto poder adquisitivo. A diferencia de las inversiones precursoras en los *countries*, las promociones de la década de 1990 fueron gestionadas por grandes grupos inmobiliarios, con dinero proveniente en su mayor parte de fondos de inversión de planes de jubilación. Esta simultaneidad global entre el anuncio del fin de la jubilación pública y la garantía de los planes privados que inundó la publicidad a comienzos de la década, pone en evidencia el proceso de "hacer" ciudad como inversión y negocio para el capital financiero.

Se pueden establecer algunas sutiles distinciones entre los *countries* y los barrios cerrados, a pesar de que ambos nacen a partir de procesos de urbanización de tierras rurales. Por definición jurídica, los *countries* deben tener un mínimo del 30 % de su superficie dedicada a espacios libres para el esparcimiento y la práctica deportiva; normalmente disponen de campos de golf y otras instalaciones deportivas. Estos equipamientos provocan que los *country* tengan unos gastos de mantenimiento que, como mínimo, suponen el doble que el necesario en los barrios cerrados, donde sólo se comparte el sistema viario y el de seguridad.

Existen dos proyectos de barrios cerrados que pueden considerarse como precursores. Están ubicados en San Isidro, un municipio situado en la barranca del río de La Plata, a menos de 20 km al norte de la ciudad. Históricamente, en este municipio se han asentado las clases que han venido detentando el poder desde la época de la colonia. Su importancia histórica proviene de su ubicación sobre el camino de paso del comercio y la riqueza que conectaba, durante la colonia, con el Alto Perú. Ya en los primeros años de la república, a partir de la Revolución de Mayo de 1810, se convirtió en un lugar emblemático de la naciente historia argentina. Estos dos primeros barrios cerrados son hoy en día los más exclusivos y caros del Gran Buenos Aires: Boating Club, comenzado en 1969, y San Isidro Chico, realizado por Antonio Mieres y Jorge Born en 1976. El modelo para las 22 ha de San Isidro Chico, según explica Antonio Mieres, "fue tomado de los barrios cerrados de Miami". Sobre una zona desdeñada por ser anegadiza, estos promotores rellenaron las tierras y realizaron sus propias casas para atraer y dar confianza en el proyecto. Desde el comienzo de estas urbanizaciones, queda claro que el modelo a seguir es el angloamericano, tanto en el urbanismo como en las viviendas, y, según Antonio Mieres su casa es "de estilo granero inglés, con aljibe incluido y techo de ladrillo".[30]

Una característica recurrente en los barrios privados es la generación de una topografía y una naturaleza nuevas, inventadas y diseñadas, pero, sin embargo, que se venden como auténticas. La región de la pampa húmeda argentina, donde se ubica Buenos Aires, se caracteriza por la infinitud de la llanura, fácilmente anegadiza en las proximidades de los ríos. La vegetación principal es resistente a las inundaciones periódicas: bosque de ribera, arbustos y árboles bajos y, más alejado de los ríos, el solitario ombú. Pero la imagen de naturaleza a la que se recurre cuando se promociona un barrio privado es el bosque otoñal centroeuropeo, el bosque de New Hampshire o los jardines franceses. Una naturaleza inventada para convalidar la simulada "tradición" y como marco ideal para el desarrollo de la vida social. Frente a lo sublime de los parajes inabarcables de la pampa y a lo imprevisible de la naturaleza se recurre a la suavidad y benignidad bajo control de los paisajes pintorescos.

[30] Constantini, Eduardo (empresario y promotor), entrevista en el diario *Clarín*, 9 de febrero de 1999.

■ ¿Cómo se venden los paraísos?

La publicidad que se utiliza para vender los espacios mitificados de los barrios cerrados y convertirlos en los sueños de la clase media y alta es más que elocuente. Como toda publicidad, inventa mundos inexistentes, felicidades de cuentos de hadas en reductos de sosiego y "familia". La ciudad desaparece de los planos, las autopistas se hacen omnipresentes y se borra sistemáticamente cualquier referencia real con el lugar. Si los bosques de las publicidades son inventados, no lo son menos los entornos urbanos que enseñan.

Contrariamente a la realidad en un mundo de cambios, de nuevas y variables agrupaciones familiares, la publicidad presenta familias inmutables y "tradicionales", conformadas por padre, madre y dos hijos. Por descontado, estas familias siempre son blancas, preferentemente rubias y de ojos claros, obviando las diversidades raciales.

Un caso aberrante en Buenos Aires es el conjunto de torres-*country* con cientos de viviendas, espacios comunes de juego y deporte, vigilancia y rejas, que se sitúa según el prospecto de venta frente a un idílico campo de golf que lo separa del río, a unos pasos de la gran autopista. El folleto de venta olvida que el conjunto está inscrito en una trama urbana en medio de un barrio, con sus calles y avenidas. Pero la eliminación más imperdonable para la historia y la memoria de la ciudad es que el campo de golf se ubica en el lugar de la Escuela de Mecánica de la Armada (ESMA), uno de los centros de detención clandestina más sangrientos de la dictadura de la década de 1970, donde desaparecieron miles de hombres, mujeres y niños, que sigue en pie Los procesos de falsificación del entorno construyen una ciudad que nunca había sido, pero que terminará siéndolo merced a propaganda y olvido, segregación y fragmentación.

Los barrios cerrados producen el efecto de pisadas sobre el territorio, a las que no les importa las relaciones que quedarán rotas por su presencia. Este desprecio por el entorno, por la vecindad, por lo próximo y por los otros, también se expresa en las propagandas de promoción. No existe nada alrededor de estas burbujas a excepción de las vías rápidas de circulación, que se presentan como islas en un mar azul. Además de la negación y falsificación de la realidad, otro rasgo característico es la presencia evocativa del azul celeste del agua que, junto a los bosques y la familia feliz, conforman el trípode sobre el que se basa esta propuesta de vida artificial y engañosa.

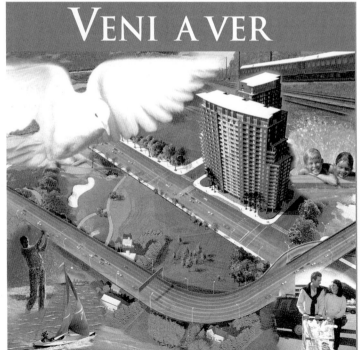

VENI A VER

Folleto de venta: el golf entre el edificio en venta y la autopista está ocupado en realidad por el tristemente célebre ESMA.

Para vender mejor se invierte el plano. Lo que estaba al sur —La Deseada— se ubica al norte, que vende mejor; el norte es rico y el sur pobre.

LA DESEADA
BARRIO PRIVADO

La naturaleza más cerca.

ESCRITURA INMEDIATA

CAPITAL FEDERAL

• *140 lotes vendidos* • *100 lotes escriturados*
• *35 casas en construcción*

Visítenos todos los días inclusive feriados de 10 a 19 hs. Tel.: 4487-7468

■ Una ciudad-pueblo

El caso más extremo de disolución de la ciudad consolidada es el proyecto de la ciudad-pueblo de Nordelta. Según el proyecto, cuando se termine en aproximadamente veinte años, alcanzará una población de entre 100.000 y 120.000 habitantes, y ocupará una superficie de 1.600 ha en Tigre, comunicado con Buenos Aires a través del ramal Tigre de la autopista Panamericana.

Nordelta da un paso más en la segregación y fragmentación de los barrios cerrados. Se presenta como una ciudad pueblo porque, según su publicidad, propone funciones agregadas a la residencial que estarán integradas "como en toda ciudad": colegios y universidades, centro asistencial, cuartel de policía y bomberos privados, formando el denominado "centro cívico", establecimientos de comida rápida, mercado, centro comercial, estación de servicio y campo de golf, como si una ciudad fuera simplemente la sumatoria de unas funciones.

Ser ciudad-pueblo quiere decir recuperar valores prolépticos del pasado, de la vivencia en pequeñas comunidades regidas por intereses comunes, con objetivos y valores iguales, una utopía del pasado, el tiempo en que la ciudad era de los verdaderos ciudadanos y no estaba contaminada ni por el "otro" ni por la política. Esta propuesta urbana niega la componente de *polis* de la ciudad, puesto que el encuentro entre ciudadanos sólo tiene como objetivo el consumo, la diversión y el deporte en una vida de placeres sin problemas ni compromisos.

Como en otros casos, el proyecto se implanta sobre un terreno comprado a un precio barato, con lo que resulta una forma sin lógica. Se promociona como "ciudad privada", negando y vaciando la ciudad existente, eliminando el espacio de una comunidad libre y diversa, transformando a la sociedad en una estructura totalmente guetizada. La propuesta es totalmente distinta a las utopías de la nueva ciudad como una posibilidad que permitiría reequilibrar el territorio nacional, que tienen en Brasilia su gran paradigma —fallido— de la modernidad, y que en Argentina tuvo su proyecto —aún más fallido— durante el gobierno de Raúl Alfonsín (1983-1989), cuando intentó trasladar la Capital Federal a Viedma, al noreste de la Patagonia. Estas propuestas políticas tenían como finalidad descentralizar el poder nacional y posibilitar un mayor equilibrio entre regiones, al tiempo que se pensaba generar un movimiento demográfico que también fuera equilibrador. Nordelta es también totalmente diferente a los proyectos de las nuevas ciudades europeas de la posguerra, que constituyen complejas apuestas de proyecto abarcador y no segregador.

Nordelta se denomina a sí misma "ciudad" porque considera que su tamaño es suficiente para serlo, olvidando la complejidad que implica la ciudad. Una oferta variada de terrenos permite —siempre según los promotores— que pueda vivir allí quien lo desee, con "alternativas para todos los bolsillos". La oferta abarca desde áreas muy exclusivas formadas por solares de 0,5 ha, ubicados en una isla

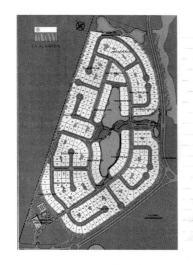

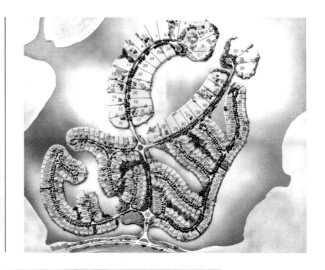

"falsa", en la que el promotor construirá su tercera residencia, hasta casas pareadas de 80 m². El relato que hace el promotor de esta construcción y su futuro se asemeja al del señor feudal que construye su castillo en la zona más inexpugnable de la ciudad y que, a cambio de seguridad, cobra sus impuestos al otorgar la concesión de la "ciudadanía":

"Hay que pensar que en Nordelta convivirán diferentes barrios, cada uno con sus características, su estilo; cada uno tendrá un *club house* y su individualidad, sin perder de vista la integración global dentro del predio, con un sentido estético. Esta armonización de los aspectos que conforman las 1.600 ha resulta indispensable para que en el quehacer cotidiano no haya obstáculos y agrade a quienes tomaron la decisión de mudarse".[31]

El promotor se convierte en el hacedor de ciudades, en el salvador de la sociedad, quien, con la ayuda del urbanista adecuado, proyecta un espacio urbano como debería haber sido.

La armonía se entiende sólo como sinónimo de igualdad, de no diferencia; la uniformidad y la homogeneidad es más fácil de dominar y controlar. Basta pensar en las primeras acciones que llevan a cabo gobiernos dictatoriales, dirigidas a suprimir las más mínimas libertades de expresión e identificación social o de grupo mediante la creación de pautas de conducta, la imposición de idiomas, símbolos, horarios y vestimentas a toda la población; así, el diferente pasa a ser automáticamente un sospechoso muy fácil de identificar.

Dentro de las actividades encerradas en el recinto que sirven para convertir un enclave hiperprotegido y segregado en ciudad se encuentran dos universidades, el Instituto Tecnológico de Buenos Aires y la Lynn University estadounidense que también contará con educación primaria y secundaria. La inversión de 500 millones de dólares por parte de los promotores incluye un acceso directo desde la autopista, hecho fundamental para el éxito de la promoción, pues los alrededores de Nordelta no son barrios satisfactorios dentro de esta lógica monetarista y simplista, pues tienen visibles cruces a nivel con semáforos, siendo una referencia molesta de la realidad de los "otros". También incluye una avenida de circunvalación interior —camino de la muralla, doble seguridad al cerco que recluye al barrio— y 8 km de caminos interiores hasta el Delta. Para proveer de servicios de transporte colectivo se han establecido contactos con la empresa Trenes de Buenos Aires para que preste servicio desde esta "ciudad" al centro de la ciudad real, aunque

31 *Ibid.*

resulta difícil imaginar que quien se recluye de esta manera opte por el transporte público. En todo caso, será una opción para el ejército de trabajadores de baja cualificación que se deberá trasladar allí, o para las mujeres que no conduzcan.

Sin embargo, esta ciudad de iguales está llena de normas que controlen y garanticen esta falsa igualdad. La vida en estas burbujas de vidrio está pautada por un guión preescrito que hay que suscribir y obedecer.

■ Instrucciones para una vida sedada

Simulacro y control son dos cualidades imprescindibles en la creación de esta ciudad de ficción y delirio del empresario y su equipo. No puede permitirse que sean los otros, aunque iguales a uno, quienes decidan cómo vivir, ya que repetirían los

desastres ya conocidos. Por ello, para formar parte de este grupo elegido es necesario firmar una serie de contratos de adhesión, formar parte de dos sociedades anónimas y aceptar un Reglamento de Edificación, Parquización y Modificación de Parcela. Esta enumeración muestra los primeros indicios del coste en libertades personales que se pierden al elegir la vida en un gueto. Las relaciones entre las partes quedan perfectamente establecidas en los diferentes contratos, en relaciones principalmente de carácter comercial y obligatorio.

Cada propietario queda incluido en dos sociedades anónimas, una general del núcleo urbano de Nordelta y otra del barrio al que pertenece. En ambos casos los directorios de cada sociedad establecen las contribuciones periódicas.

En los estatutos que regulan la convivencia entre socios se establece la existencia de una comisión o Tribunal de Disciplina, formado por tres socios titulares y tres suplentes por mandatos bianuales, que será el encargado de velar por el cumplimiento de las normas establecidas por el Directorio de la Sociedad.

"La resolución […] inapelable y las sanciones pueden ser: apercibimiento por falta leve con el fin de evitar su repetición; suspensión por tiempo determinado o mientras subsista la infracción, no pudiendo hacer uso de las instalaciones comunes del complejo, aunque se está obligado a continuar al día con el pago de las cuotas de mantenimiento de dichas instalaciones; y la expulsión que importa la pérdida de su calidad de socio […], la sanción de multa se aplica independientemente o simultáneamente con las demás".[32]

Elegir vivir en Nordelta significa, según el contrato de compra-venta, pasar a formar parte de la Asociación Vecinal Nordelta, SA, cuyo convenio tiene una duración de 99 años. La sociedad tiene por objeto la organización, administración, control y fomento de actividades sociales, culturales y deportivas dentro de su núcleo urbano. En la descripción de las actividades sociales que figuran en el contrato, se establece la realización y propiciación de reuniones sociales para el conocimiento mutuo y esparcimiento de los residentes en el núcleo urbano, "preservar el medio ambiente, evitar la contaminación y fomentar el contacto con la naturaleza". Sin embargo, todas estas buenas intenciones no son más que falacias; ¿cómo puede preservarse aquello que ya se ha destruido?, ¿cómo puede evitarse la contaminación cuando el vehículo individual es imprescindible? Y, ¿cómo puede fomentarse el contacto con la naturaleza cuando el uso de cualquier espacio interior, supuestamente natural, tiene horarios de funcionamiento al tratarse de espacios privados?

[32] Contrato de adhesión para la compra-venta de terrenos en Nordelta, folio 28.

"1.26. Uso y cuidado del lago: se encuentra terminantemente prohibido bañarse en el lago [...]. Los propietarios del complejo residencial [...], responsables de las violaciones a esta disposición que cometan tanto ellos mismos como sus dependientes, familiares y visitas [...]. Se establecen como horarios de uso permitido del lago los siguientes:

Horario de verano: de 9.00 a 13.00 h y de 17.00 a 20.30 h.
Horario de invierno: de 9:00 a 12:00 h y de 17:00 a 19:00 h".[33]

La sociedad anónima funciona como un padre protector que inventa y fomenta los encuentros entre vecinos, pues el encuentro casual se hace casi imposible en un lugar donde los desplazamientos se realizan en automóvil, donde no se prevé la construcción de aceras para caminar, excepto en la zona comercial.

La sociedad tiene también funciones reglamentarias: "Dictar reglamentos y disposiciones de carácter general con el objeto de preservar la integridad del núcleo urbano". Se reduce la complejidad del gobierno ciudadano a simples normas de conducta o reglamentos. Cada unidad residencial tendrá un representante —generalmente el padre; mujeres, hijos u otros habitantes de las viviendas no cuentan— para cambiar los reglamentos o elegir a la dirección. Se establecen derechos discriminatorios, el derecho a voto en la asamblea está ligado a la posesión de una acción escritural que equivale a un voto por acción: un gobierno participativo en función del título de propiedad. No se puede dejar de ser accionista de la sociedad si se es propietario de un terreno, ya que ambas conforman un todo irrescindible.

La administración de la sociedad está regida por un mínimo de tres directores, reelegibles indefinidamente cada tres años; la posibilidad de abuso de poder es más que evidente. Este Directorio de la Sociedad está facultado para hacer efectivos todos los derechos de la sociedad y modificar los reglamentos cuando lo crea necesario.

No existe ningún impedimento para vender una parcela a otro socio accionista, pero para poder vender a un tercero es necesaria la aprobación previa del directorio y comunicar cualquier cambio en los residentes habituales:

"1.21. [...] Todo socio que haya vendido, alquilado u otorgado el uso de su propiedad debe notificar de inmediato este hecho al Directorio de la Sociedad, a fin de facilitar el conocimiento de los residentes temporarios de las viviendas existentes en su ejido, por estrictas razones de seguridad y de control de acceso de personas".[34]

[33] Ibid., folios 51 y 52.
[34] Ibid.

En éste, como en otros fragmentos del contrato de la sociedad, queda claro el dominio de la vigilancia sobre la vida privada, todos los movimientos interiores de personas quedan controlados, denegándose el derecho a la libre circulación de las personas en un Estado democrático.

■ Las formas de la ciudad-pueblo

Para que el proyecto de Nordelta fuera considerado como serio y generara confianza era preciso algo más que una buena promoción publicitaria. Era necesario lograr la convalidación de los profesionales y de la crítica. Para ello se contó con la labor de profesionales del área de la arquitectura, el urbanismo y la ecología. Se encargó la redacción del Plan Director al equipo de la Fundación CEPA, dirigido por el arquitecto y urbanista Rubén Pesci, quien explica su teoría sobre la ciudad y justifica sus proyectos en *La ciudad de la urbanidad*;[35] entre ellos se encuentra esta ciudad-pueblo.

[35] Pesci, Rubén, *La ciudad de la urbanidad*, Kliczkowski Publisher/ASPPAN/CP 67, Buenos Aires, 1999.

El diseño urbano de Nordelta responde superficialmente a las características básicas de una ciudad-jardín, con calles curvas que crean perspectivas paisajistas en su recorrido. Es la reducción simplista del diseño de ciudad-jardín a una fórmula especulativa: las calles sin salida permiten una ocupación máxima, con la mínima superficie viaria y sin aceras; un trazado que, además, dificultaría el posible maclaje con el entorno, aunque fuera en un futuro lejano.

Si observamos el Plan Director de la ciudad nueva aprobado en 1992, notamos importantes cambios entre el trazado inicial y el que finalmente se construye. El Plan Director recogía la trama tradicional en cuadrícula y proponía límites solubles, así como un eje de relación que partía de una estación de trasbordo y articulaba el conjunto. También proponía una edificación contemporánea de bloques y edificios de diferentes características formales, con áreas de densidades diferentes.

Sin embargo, la propuesta que se está construyendo ha simplificado los planteamientos para que resulten más rentables para el promotor, es decir, ha aumentado la superficie de espacio privado respecto al público. Es una sumatoria de barrios conectados a una ronda interior para el tráfico rodado y ha desaparecido el eje cívico de conexión.

El conjunto se estructura alrededor de un gran lago que no se nutre del agua del río, sino de la del subsuelo, un hecho que se ha justificado por la pureza y la no-contaminación del agua subterránea, pero que en realidad esconde la verdadera razón: elevar la cota de los terrenos para evitar las inundaciones por las crecidas periódicas de los ríos cercanos y secar las capas freáticas, de modo que puedan realizarse los cimientos sin necesidad de pilotaje. Un retorno a la naturaleza que debe quedar congelada para constituir una bella escenografía sin sobresaltos. Alrededor del lago se construye un paisaje artificial de islas y futuros bosques.

Nordelta no es una unidad, sino que está formada por diferentes barrios según la capacidad económica de sus habitantes, donde permanecen encerrados y controlados. Cada barrio se conforma de manera similar, un recorrido a modo de ronda o eje rodado urbano del que arrancan calles sinuosas sin salida. La morfología urbana propuesta permite un crecimiento infinito, ya que es una sumatoria de unidades conectadas a una red de caminos.

La ciudad tiene proyectados cuatro accesos rodados con vigilancia, una estación fluvial y dos estaciones de tren, una para el área educativa y otra para la "ciudad".

El acceso principal al suroeste permite el ingreso a la zona de equipamiento "público" de entrada libre controlada que se propone como una escenografía de espacios portuarios recuperados como nuevos espacios urbanos.

Una ciudad de promotor inmobiliario nunca será una ciudad; podrá ser Disneylandia o una escenografía, pero no una ciudad. Sus valores, sus significados y sus relaciones no pueden simularse en un escenario de eterna, impoluta e inmóvil felicidad.

3. Las formas del placer

"En la industria del ocio, los 'lugares' se crean en una línea de montaje".[1]

El ocio asociado al no trabajo, a la estancia pasiva y a la contemplación ha tenido un significado negativo para la cultura occidental de herencia judeocristiana y su sociedad productivista. El estado de pasividad e inactividad asociado al ocio se ha visto como una transgresión social, ya que el tiempo tiene que ocuparse de un modo productivo.

Por lo tanto, la industria del ocio transforma lo que otrora fuera vicio en virtud, convirtiendo el tiempo vacante en una nueva actividad productiva. A lo largo del siglo XX, el progreso tecnológico ha ayudado a que se generara un tiempo sobrante o excedente, libre de las tareas productivas en su sentido tradicional. Este tiempo ganado al trabajo, a la producción reglada, ha acabado por ser valorado en un nuevo sentido, esto es, como un tiempo potencialmente productivo: producir consumo mediante la creación de la llamada industria cultural, tal como la definían Theodor W. Adorno y Max Horkheimer desde su exilio en Los Ángeles en 1944. La cultura deja de ser un complejo resultado social, espacial e histórico, para convertirse en un producto seriable, una suma de entretenimiento, pasatiempo y consumo, aderezado con elementos de la cultura y generador de pautas de conducta y mágicas ilusiones de vida.

"Para el consumidor, no queda nada por clasificar que no haya sido ya anticipado por el esquematismo de la producción [...]. La diversión es la prolongación del trabajo en la época del tardocapitalismo [...]. La mecanización ha adquirido un poder tan grande sobre el hombre, utilizando su tiempo libre, y sobre su felicidad, determinando de manera tan integral la fabricación de productos de diversión, que ya no es capaz de aprender y experimentar sino es a través de las copias y las reproducciones [...]. El pretendido contenido es sólo un débil pretexto [...]; la industria cultural defrauda ininterrumpidamente a sus consumidores sobre lo que promete ininterrumpidamente".[2]

La industria cultural ha logrado maximizar el rendimiento económico del tiempo, ya no hay tiempo libre o excedente, ni pasividad o inactividad, sino cada vez más propuestas urbanas activas para el tiempo libre, divertimentos que implican una acción recíproca, del visitante y el receptor, que desemboca ineludiblemente en el consumo de bienes o servicios.

Como la inactividad sigue teniendo connotaciones pecaminosas, los centros dedicados al tiempo libre no se denominan a sí mismos centros de ocio, sino centros

[1] Hajer, Maarten; Reijndorp, Arnold, *In Search of New Public Domain*, NAi Publisher, Rotterdam, 2001.

[2] Horkheimer, Max; Adorno, Theodor W., *Dialéctica de la Ilustración* [1944], Círculo de lectores, Barcelona, 1999.

Luces y colores en el conector del
aeropuerto de Chicago:
no hay tiempo aburrido.

de entretenimiento. El ocio es una condición estática y, de manera contraria, el entretenimiento es activo para quien sirve y para quien recibe.

Cada vez más, el tiempo libre es un elemento que crea riqueza, y muchas ciudades que pretenden que su base productiva sea terciaria se apoyan en la utilización de este tiempo como fuente de recursos. Por tanto, en las ciudades la difusión de las economías terciarias como actividad productiva se basa en el aprovechamiento de este excedente. Dentro de la producción terciaria o de servicios, el turismo es uno de los que más se ha desarrollado y se ha convertido en una industria de primera magnitud para muchos países, y es de prever que irá en aumento durante la primera mitad del siglo XXI.

"De acuerdo con el Consejo Mundial de Viajes y Turismo (CMVT), esta industria representa más del 11 % del PIB mundial y se prevé que lo duplique hacia el 2008 […]. Se estima que un 7,5 % de las inversiones de capital que se hacen en el mundo se destinan al turismo, y es el primer producto comercial de muchos países".[3] El turismo se reinventa constantemente para otorgar nuevos encantos a sus propuestas. La oferta turística gana en diversidad y especificidad, respondiendo a una de las características de la producción posfordista: la personalización, frente a la seriación de los productos. Pero como otros productos a escala global, el turismo también tiene una oferta homogénea y homóloga que borra elementos diferenciales que podrían resultar inquietantes. Aquello que el consumidor-turista encuentra tiene que coincidir con la fotografía de la publicidad. La expectativa del viajero del siglo XXI, convertido en turista, se reduce a confirmar lo que ya sabe y a repetir experiencias sin descubrimientos, sorpresas ni contratiempos.

La industria cultural, clara descendiente del sistema de producción industrial, no considera los bienes materiales preexistentes y agotables en su ecuación: consume y devora lo que constituye su sustento. La razón de ser de la atracción de un lugar para poder convertirse en atractivo turístico —su historia, su particularidad, su localismo, su geografía, su arquitectura, su urbanismo— se banaliza y anula por una industria cultural que se reproduce en franquicias.

Las ciudades son espacio para el puro consumo, "las ciudades mundiales […], son centros de notable consumo, tanto de artículos de lujo para las minorías como de productos de producción masiva para la mayoría".[4]

[3] Rifkin, Jeremy, *La era del acceso. La revolución de la nueva economía*, Paidós, Barcelona, 2000.

[4] Elgendy, Hany, "Global Trends: Megacities". http://www.isl.uni-karlsruhe.de/vrl/ResEng/2000/global_trends/megacities/index.htm

El consumo no se limita a la compra de bienes, sino que la actividad cotidiana se transforma en consumo de actividades y apariencias de formas de vida. La implosión[5] o pérdida de límites claros de los espacios y significados ha llevado a que toda actividad —cultura, educación, alimentación, etc.— se equipare y relacione indefectiblemente con el consumo, de modo que los límites y diferencias entre sí se confunden y desaparecen. El ciudadano, que ha pasado a ser mero consumidor, se agrupa en una nueva lógica que defiende sus derechos como consumidor en vez de como ciudadano.

Las decisiones urbanas se toman cada vez con mayor frecuencia con una calculadora en mano, es decir, en función de los intereses de los inversores.

"Cada vez más, los científicos sociales hablan de urbanización como un fenómeno global, esto es, un proceso que debe entenderse en referencia a sus causas sistémicas más amplias. Aún así, el discurso dominante de planificación urbana para las ciudades está marcado por dos proposiciones contradictorias. Por un lado, se nos

[5] Baudrillard, Jean, "La precesión de los simulacros", en *Cultura y simulacro* [1978], Kairós, Barcelona, 1998[5].

invita a creer en la autarquía de las ciudades como corporaciones competitivas —un concepto que, tal vez, sea paralelo al de la "soberanía" de los consumidores—, y, por otro, se nos dice que las relaciones del mercado global son los principales determinantes para la fortuna de la ciudad y que las ciudades-corporaciones deben ahora ajustarse o sucumbir".[6]

El urbanismo de mercado actúa sobre enclaves seguros de la ciudad que puedan reconvertirse generando nuevas identidades, supuestamente urbanas, que enmascaran el negocio inmobiliario real. Los discursos de recuperación del patrimonio, de la arquitectura y, finalmente, de la ciudad se esgrimen como elementos incuestionables. Ejemplos no faltan, como la modernización de Potsdamer Platz en Berlín, donde hacer ciudad a partir de la "reinterpretación" historicista de su tejido urbano esconde su fin último: la generación de espacios de consumo detrás del discurso y de la tradición europea del espacio público. Esta propuesta urbana, avalada por los arquitectos del *star system* con discursos políticamente correctos de espacio público y sostenibilidad, enmascara la segregación y fragmentación urbana de la ciudad de las empresas. Al entrar en la plaza Sony —un espacio privado, aunque se le llame público—, los límites quedan claramente definidos cuando nos encontramos con el decálogo de normas a cumplir si no queremos ser expulsados de allí. Al igual que en los barrios cerrados, estos espacios públicos nos privan de derechos a cambio de seguridad y de escenografía. O como la escenificación de la recuperación de la vida urbana, entendida como perfecto escenario para el paseo familiar entre escaparates, del corazón de Nueva York en Times Square capitaneada por la compañía Disney, inequívoca marca del entretenimiento como consumo y generadora de estilos de vida.

Para garantizar el éxito de cualquier actividad debe pensarse, expresarse y "venderse" inmersa en la lógica del entretenimiento, de modo que la compra, la comida, el entretenimiento, el ocio y la educación utilizan los mismos códigos de imagen y responden a las mismas características de velocidad, fugacidad y reinvención: *shopertainment, eatertainment, edutainment*[7] son los nuevos nombres que se les da a las actividades así concebidas. Por lo tanto, no es de extrañar que las ciudades también utilicen los mismos códigos para reformar áreas degradadas y convertirlas en apetecibles para el consumo turístico. La ciudad que se transforma en espacio para el ocio, entendido como puro entretenimiento y consumo, añadiría a la lista anterior el *urbantertainment*.

Finalmente, estos simulacros han logrado la concreción de los cuentos de hadas en la realidad, "fueron felices y…"

6 Gleeson, Brendan; Low, Nicholas, "Cities as Consumers of the World's Environment", en Low, Nicholas et al., *Consuming cities. The Urban Environment in the Global Economy after the Rio Declaration*, Routledge, Londres, 2000.

7 Hannigan, John, *Fantasy City, Pleasure and Profit in the Postmodern Metropolis*, Routledge, Londres/Nueva York, 1998.

Life is a party

Hong Kong is a non-stop celebration.

■ **La ciudad del entretenimiento seguro abierta 24 h**

La ciudad *urbantertainment* debe funcionar 24 h sin pausas y ofrecer cuantas más actividades mejor. Un supermercado de ofertas urbanas que impide ver la homogenización de la que han sido objeto las ciudades. Las propuestas son las mismas para todas las ciudades: los mismos arquitectos, los mismos festivales y las mismas hamburguesas.

"La *fantasy city* está limitada y definida por […] seis aspectos principales. Primero, el tema o centro […], que es especialmente ciego a su entorno, particularmente en su relación con los barrios colindantes. Mientras los promotores hacen esfuerzos por conectar los diferentes elementos de sus proyectos bajo el paraguas de un motivo como el de la "ciudad antigua" o "el borde del mar", de hecho, cada restaurante, teatro o tienda está internamente tematizada según una fórmula estándar distribuida por todo el planeta".[8]

El germen de este tipo de actuación aplicado a toda la ciudad se encuentra en los parques temáticos y en los centros de entretenimiento. El paraíso existe aquí y ahora en estos ambientes artificiales y controlados que se consolidan como representación del paraíso deseado.

"Walt Disney no quería cambiar la vida de la gente […], sólo el medio en el que viven. De hecho, intentando lo segundo consiguió lo primero […]. El éxito dentro de los límites de Disneylandia incitó la imitación fuera de ellos".[9]

Estos enclaves aislados pretenden cambiar los parámetros y modelos de relación, información y conocimiento que las sociedades urbanas establecen. La ficción es la realidad, o a la inversa, ya no se sabe quien copia ni quién imita a quién.

"La vieja experiencia del espectador cinematográfico que, al salir a la calle, tiene la impresión de encontrarse frente a la continuación del espectáculo que apenas ha dejado, ya que éste quiere precisamente reproducir, lo más rigurosamente posible, el mundo perceptivo de la vida cotidiana, y surgido a criterio de la producción. Cuanto más gruesa e integral es la duplicación de los objetos empíricos por parte de la técnica, tanto más fácil es tener éxito actualmente haciendo creer que el mundo exterior no es más que la prolongación de lo que se conoce a través del cine […]. La vida —al menos como tendencia— no deberá distinguirse del cine sonoro".[10]

La realidad de la ciudad no parece suficiente para satisfacer las expectativas que se hace sobre la sociedad, por ello, y cada vez más, la ciudad global copia su propio paradigma, su propio tópico, lo que se espera que sea, no lo que es. Aparecen, así, nuevas y fascinantes estructuras arquitectónicas fruto de las novedades tecnológicas; se renuevan los envoltorios pero las razones no cambian: mantenernos asombrados ante la novedad de cada nueva piel que nos lleva a disfrutar y pasear por espacios donde sólo es posible consumir. La novedad realimenta constantemente el deseo de consumo.

La creación de nuevos medios de consumo es cada vez más veloz; se necesitan más medios para impactar, aunque cuentan con la ventaja de la debilidad de la

[8] *Ibid.*
[9] Findlay, John M., *Magic Lands. Western Citiscapes and American Culture after 1940*, University of California Press, Berkeley/ Los Ángeles/Oxford, 1992.
[10] Horkheimer, Max; Adorno, Theodor W., *op. cit.*

memoria de la sociedad anestesiada por el consumo. Lo que ha pasado hace más de diez años puede presentarse como inédito con alguna pequeña variación. Las universidades, los museos, los lugares de comida se tematizan cada vez más, se inventan constantemente novedades para atraer al consumidor.[11] Lo importante no es tener algo de interés para contar, enseñar u ofrecer, sino cómo se representa este capital para ser comprado. Todo —cultura, comida, comercio— se convierte en puro entretenimiento. En la realidad enmascarada, la compra es la única actividad posible.

"Knott's Berry Farm de Buena Park: [...] Es el parque de diversiones temático más antiguo que recrea los idealizados y simples Estados Unidos [...]; para Eco [...] 'un supermercado disfrazado, donde se compra obsesivamente, y se cree que aún se está jugando'".[12]

Los espacios de consumo invaden con su control el espacio público; las calles pertenecen a las tiendas y a los centros comerciales y no a la ciudad ni al ciudadano. La aparición de servicios paralelos de control —guardias privados de seguridad y televigilancia— extiende la propiedad privada más allá de sus dominios, considerando que la calle y la acera son propiedad de quienes lindan con ella. La libertad de circular, de tomar los espacios públicos, de expresar libremente las diferencias y opciones individuales, se ve condicionada, cuando no coartada, por la vigilancia que estos espacios ejercen sobre el área de ciudad que los circunda. El espacio público se controla desde los interiores, al tiempo que aparecen sucedáneos de espacio público encapsulados en interiores de fantasía. Se propone un seudo espacio público donde la realidad no ingresa y, sin ella, la pobreza tampoco es visible, ni las alteraciones climáticas, ni el paso del tiempo. Aunque se acepte como alternativa, como si fueran verdaderos espacios públicos, sólo son espacios controlados, segregados y privatizados que implican la renuncia a los derechos civiles de expresión individual, de diferencia y de agrupación, conseguidos trabajosamente en la vida urbana.

Dos procesos que provienen del mundo empresarial marcan las pautas para conformar espacios urbanos basados en el entretenimiento, espacios pensados para el puro placer individual de un consumo constantemente decepcionado e insatisfecho.

Uno de estos procesos es la "mcdonaldización",[13] se fundamenta en la unificación de los requerimientos productivos, la absoluta previsión de todo lo que ocurre y la

[11] Ritzer, George, *El encanto del mundo desencantado. Revolución en los medios de consumo*, Ariel, Barcelona, 2000.

[12] Eco, Umberto, *Travels in Hyperreality*, Hardcourt, San Diego, 1988 (citado en Soja, Edward W., "En el interior de Exópolis: escenas de Orange County", en Sorkin, Michael (ed.), *Variaciones sobre un parque temático*, Editorial Gustavo Gili, Barcelona, 2004).

[13] Ritzer, George, *La McDonalización de la sociedad. Un análisis de la racionalización*, Ariel, Barcelona, 1996.

certeza de que es más importante cómo se ofrece el producto que el producto en sí. Todo debe ser diversión: gráficas estridentes con profusión de colorido, imágenes del mundo feliz, donde todo está previsto y es previsible; una felicidad encapsulada, segura y esterilizada.

El segundo proceso, la "disneylandificación"[14] de la ciudad, se refiere a convertir la ciudad real en un parque de atracciones, o un parque temático, y a crear lugares para vivir más cercanos a un decorado de película bucólica y feliz que a la verdadera diversidad urbana. Nuevamente está presente el control, la falsa diversidad y un fin que es el puro consumo-entretenimiento, que tiene como resultado una sociedad con dos carencias: no es dueña de la organización de su tiempo y está inevitablemente insatisfecha.

Ambos procesos aprovechan las sinergias que producen sus propuestas de ocio para complementarlas con la venta de productos de "marca".

"El principal ingreso de los restaurantes temáticos y las atracciones no son las entradas, las bebidas o las comidas, sino el que lo genera el *merchandising* de su marca en los diferentes *souvenirs*, que actúan como sello del pasaporte que confirma que el turista ha estado en un lugar concreto".[15]

Las ciudades también adoptan estos mecanismos, incluyendo el de la "marca", y cada vez son más los elementos de *merchandising* que se identifican con la ciudad. Cuanto más elementos emblemáticos haya —plausibles de ser convertidos en camisetas, *pins,* etc.—, más presente estará la ciudad en todos los ámbitos y más apetecible resultará para las nuevas inversiones.

Paradójicamente, las ciudades que tienen éxito en estos cometidos se convierten en rehenes de la voracidad del turismo, que la considera su propiedad y la convierten en el lugar para la expresión de una infancia perdida indisciplinada, ejercida por un turista aturdido y mediatizado. La ciudad es capturada por autobuses turísticos que, a paso lento, la observan desde un monitor-ventana; por bandadas de turistas en bicicletas-carro bulliciosos; o por turistas montados en trenecitos de feria de atracciones, transformando la ciudad real en una disneylandia. La ciudad que olvida su diversidad, sus habitantes cotidianos, que se pone al servicio de esta voracidad, terminará fagocitando su propio atractivo. Las exigencias de la industria turística son insaciables. No basta con dominar y cambiar lógicas y estructuras de usos y funciones de las ciudades para supeditarlas a sus caprichos, sino que "obli-

[14] Hannigan, John, *op. cit.*
[15] *Ibid.*

Centurión romano atendiendo
a un turista

gan" a las ciudades a generar nuevos lugares para volver a dar encanto a la oferta. Estos nuevos lugares, como los museos, se ubican con relación a la accesibilidad de los grandes autobuses, para poder ingerir fácilmente el lugar a partir de un rápido recorrido mecanizado, obtener una panorámica sobre la ciudad y comprar *souvenirs* culturales a la salida. La mayoría de las veces, estos nuevos equipamientos exceden las necesidades y posibilidades locales, generando un peligroso "elefante blanco".

En la ciudad se generan "no lugares",[16] que ya no son sólo las grandes superficies impersonales diseminadas por todo el planeta, sino también las áreas escenográficas de la ciudad, que ofrecen espacios controlados y medidos, pensados para el consumo. En estos espacios urbanos, determinados por la proliferación de las ofertas de ocio internacional, donde todo está al servicio de un sistema de comunicación basado en los símbolos mediatizados, la realidad local da paso a una realidad global que es reconocible y repetible en cualquier otra ciudad.

"También los parques temáticos y las rutas reales y virtuales del turismo generan redes y focos de no lugares en medio de lugares auténticos... Según Marc Augé, la idea de la sociedad localizada está siendo puesta en crisis por la proliferación de esos no lugares basados en la individualidad solitaria, en el pasaje y el presente sin historia. De hecho, el espacio del viajero es el arquetipo del no lugar. El espacio del no lugar no crea ni identidad ni relación, sólo soledad y similitud".[17]

La nueva realidad urbana se define como "posurbana",[18] una nueva etapa del urbanismo en la que hemos pasado del espacio público generado y creado por y para la sociedad, a la ciudad cuyo espacio público está hecho para "un público" y por lo "privado", para el espectáculo.

"El espectáculo es la ideología por excelencia, porque expone y manifiesta en su plenitud la esencia de todo sistema ideológico: el empobrecimiento, sometimiento y negación de la vida real. El espectáculo es materialmente 'la expresión de la separación y del alejamiento entre el hombre y el hombre' [...]. Es el estadio supremo de una expansión que ha enfrentado la necesidad con la vida".[19]

Los espacios para el ocio y el consumo niegan la construcción temporal de la ciudad y la convivencia con el "otro", la aparición de lo distinto y de la singularidad. Al negar la temporalidad, se niega la historia y el paso del tiempo. Del mismo modo que los seres humanos buscan la eterna juventud, las ciudades se obligan a una

[16] Augé, Marc, *Los "no lugares". Espacio del anonimato. Una antropología de la sobremodernidad*, Gedisa, Barcelona, 1994[2].

[17] Montaner, Josep Maria, *La modernidad superada. Arquitectura, arte y pensamiento del siglo XX*, Editorial Gustavo Gili, Barcelona, 2002[4].

[18] Fernández, Roberto, "Escenarios posurbanos", en *Astrágalo, cultura de la arquitectura y la ciudad (El efecto de la globalización)*, 10, diciembre de 1998.

[19] Debord, Guy, *La sociedad del espectáculo* [1967], Pre-Textos, Valencia, 2002.

constante cirugía estética para parecer tan auténticas como una escenografía recién pintada. Desaparecen los distintos tiempos, distintas realidades, distintos componentes sociales, y con esta amnesia intencionada se busca una ciudad igual a sí misma, repetida y repetible, conformada por iguales. Así, mediante la repetición de lo ya conocido, se encontrará la tranquilidad.

Si visitar otras ciudades u otros parajes supuso en otro momento una aventura real y un aprendizaje, actualmente el viaje se reduce a constatar lo conocido. Las mismas ofertas de ocio y consumo esparcidas por doquier permiten verificar la ubicuidad de patrones ya conocidos y comprobar, así, que sólo es necesario conocer los "intangibles"; los logos y las marcas conforman la lengua franca del consumo y protagonizan la construcción y satisfacción del deseo. El lugar real sólo puede de ser igual a su imagen fotográfica divulgada por los folletos turísticos.

Los medios de comunicación nos invitan al placer de la adrenalina: todo está a nuestro alcance, pero sólo como apariencia de una sociedad liberada al disfrute, a las sensaciones placenteras y al hedonismo. Se trata de ofrecer un *riskless risk* (riesgo sin riesgo), como lo define Russell Nye,[20] proponiendo espacios controlados donde sea posible vivir esas nuevas sensaciones de riesgo, peligro o terror aparentes, pero que, en realidad, no son más que situaciones donde todo está previsto y calculado. Se forma parte de un guión previamente escrito, donde los movimientos en el escenario de la realidad vienen pautados por el director de escena.

Las campañas publicitarias nos presentan estos lugares como "un mundo de sensaciones", "siempre más, mucho más diversión", y un sin número de argumentos que contienen la idea del placer, el riesgo y el descubrimiento ilimitado; cuando en realidad, todo sucede en meros escenarios.

Las mismas voces que proponen el riesgo y la aventura son las que hablan de la vida en la ciudad como riesgo permanente; por ello, la ciudad debe abandonarse. El verdadero peligro proviene de la fuerte desigualdad social, cada vez más pronunciada, ineludible e inevitable en la sociedad dual de la globalización mercantil y financiera. La globalización se beneficia de las injustas condiciones de distribución de riqueza en el mundo, donde un 20 % de la población posee el 80 % de los recursos totales, por tanto ¿por qué no han de resultar las ciudades con el mismo patrón distributivo?

[20] Nye, Russell B., "Eight Ways of Looking at an Amusements Park", en *Journal of Popular Culture,* 15, 1981.

Diagonal Marcentre
escápate junto al mar

En este mundo no tienen cabida los problemas reales. Parte de la ciudad real se convierte ella misma en escenificación, ocio y entretenimiento: Roma recibe a los turistas con guías disfrazados de soldados del Imperio Romano y Madrid se auto-proclama como sinónimo de ocio. Como parodiaba Josep Maria Montaner[21] en su artículo titulado "Barcelona 2040", por entonces la ciudad pagará a algunos ciuda-danos para que se representen a sí mismos como habitantes de la ciudad.

■ Escenografías urbanas

La recreación de situaciones naturales y urbanas es cada vez más recurrente en los centros comerciales: desde la réplica de calles históricas utilizado especialmente en los *outlets* situados en periferias urbanas —en La Roca (Barcelona) y en Viena—, al simulacro de una calle comercial moderna sin referencias históricas, sino sólo a fan-tasías derivadas del mundo filmado que nos conduce al parque temático de los estudios cinematográficos —Universal Walk, Los Ángeles—, o la simulación en áreas urbanas de una calle europea para dar prestigio a los comercios allí instala-dos —Rodeo Drive, Beverly Hills, Los Ángeles—. El camuflaje del espacio para la

[21] Montaner, Josep Maria, *Repensar Barcelona*, Edicions UPC, Barcelona, 2003.

compra como paseo y experiencia urbana se sitúa lejos de los primeros centros comerciales suburbanos cerrados, donde desaparecían las nociones de día y noche en una arquitectura que buscaba la más estricta funcionalidad sin escenografías. Actualmente esto ya no se hace necesario, pues la población está educada, habituada a pasar días en los centros comerciales sin sentir la necesidad del exterior, del sol o de otras actividades: todo se encuentra en estos interiores superpoblados de estímulos y el exterior es hostil.

El aumento de la capacidad de ocio de la sociedad finisecular y el continuo deseo de consumo de novedades que provocan los medios de comunicación, han conducido a recreaciones de la naturaleza con un alto grado de sofisticación y artificio, para posibilitar la ubicuidad y la convivencia de mundos diversos. Así, se reproducen lugares "exóticos", paraísos lejanos como propuestas de parques acuáticos o de aves tropicales en regiones con climas inadecuados para ello. La simulación ya no se circunscribe a la representación de una naturaleza paradisíaca, sino que también se simulan historias. Dentro de las ofertas de este tipo de espacios, los campos de golf son emblemáticos, pues suelen aparecer incluso en lugares con carencia del agua necesaria para su cuidado. Parece que la sociedad "saludable", con tiempo y dinero para el ocio productivo, se hubiera transformado en una sociedad de niños caprichosos que no aceptan una negativa como respuesta, que no entienden razones y que todo lo quieren ya, aunque sea un sin sentido.

Los campos de golf son señal de la doble entrada de un modelo negativo de nuevos modos de vida, la segregación y la fragmentación provocadas por los barrios cerrados de los que son la avanzadilla y la imposición de modelos no sostenibles del uso de los recursos naturales y del territorio.

Dentro de estos paraísos artificiales de los parques temáticos se ofrece la "jibarización" del otro, de manera que se puedan consumir rápidamente, sin esfuerzos de comprensión, adaptación o entendimiento, convirtiendo en tópicos las singularidades de cada lugar. Convertir en tópicos significa reducir al mínimo los rasgos singulares, hacer que las diferencias y características específicas se vuelvan caricaturas. Los tópicos se plasman fácilmente y de un modo seguro en los parques temáticos, donde se simula una realidad ajena, exótica y atemporal; una realidad que sólo es extraña superficialmente, como maquillaje, pues bajo el decorado simplificado de otra realidad, prevalece un sistema de códigos comerciales internacionalizados y de comprensión básica. La historia se reduce a un cuento y las distancias geográficas desaparecen; es igual realizar una reproducción azteca con trazas incas, que

combinar China y Japón. Desde los miopes ojos del modelo de dominio actual y el *marketing*, todo lo ajeno es igualable en su particular incomprensión.

"Las ciudades occidentales pueden ahora ofrecer a sus ciudadanos (al menos a quienes pueden pagárselo) nuevos modelos de consumo derivados de cualquier contexto geográfico y cultural imaginable".[22]

Los espacios de ocio y consumo oscilan entre lo igual y la sorpresa previsible. La novedad es una cualidad imprescindible para los centros de consumo y ocio. Una novedad que sigue las pautas fundacionales de Walt Disney,[23] que sea lo suficientemente diferente para ser novedad, pero sin ser tan inusual como para que se aleje

[22] Gleeson, Brendan; Low, Nicholas, *op. cit.*
[23] Findlay, John M., *op. cit.*

de lo cotidiano. Además, cada nueva visita debe tener algo que no hubiéramos visto en la anterior. Pero para asegurar que lo nuevo no resulte extraño, debe difundirse previamente en los medios de comunicación para que entre en nuestra memoria sin que nos demos cuenta.

Como en el caso de la vivienda, nostalgia y tecnología son las componentes esenciales de los espacios para el entretenimiento: nostalgia en la elección de las imágenes del decorado de un tiempo inmutable y plácido donde todo es igual que ayer, y tecnología que permita vivir en una burbuja con controles telemáticos y climáticos como defensa al entorno, bien sea humano o geográfico, consiguiendo un espacio ideal donde todo es previsible y ya está previsto. Para que surta el efecto de seguridad, es imprescindible la excesiva limpieza: el espacio debe ser aséptico.

Las propuestas tienen fecha de caducidad. No hay lugar para la fantasía creativa e individual, ni para la casualidad ni la deriva. Parte del espejismo se logra con el exceso de estímulos: visuales, sonoros y olfativos, que no deben diferenciarse ni singularizarse: la cantidad es la máxima cualidad de estos espacios.

"Inventos clave que prepararon y modificaron metódicamente el entorno construido para recibir e inducir a las actividades de consumo: el aire acondicionado [...] y la escalera mecánica [...]. Incluso la naturaleza ha sido reinventada sintéticamente para sobrevivir [...]; artificialidad de los nuevos interiores infinitos".[24]

La creación de paraísos artificiales es característica de la condición metropolitana y está marcada por la conciencia de la separación del paraíso terrenal, de que la ciudad y el campo ya no forman un par equivalente y en armonía. La herencia de los parques pintoresquistas privados ingleses del siglo XVIII, el crecimiento de las ciudades y la formación de las metrópolis en el siglo XIX, crearon la necesidad de adaptar la naturaleza en el interior de las ciudades: un espacio para el puro placer y la diversión en contacto con una naturaleza dominada. Esta naturaleza es el lugar donde la burguesía urbana ha expresado su deseo de libertad, de nuevas relaciones corporales y de relación con los otros. La naturaleza miniaturizada se convierte en un lugar de encuentro, de esparcimiento y de nuevos ritos sociales, como también constituye la huida posible de la ciudad y sus obligaciones. Sin embargo, la idea de parque como lugar donde no hacer nada en términos de consumo o como lugar de "no producción" pierde actualmente presencia: todo tiene que ser económicamente rentable de inmediato y la rentabilidad social cuenta poco.

[24] Koolhaas, Rem et al., Mutaciones, Actar, Barcelona, 2000.

La arquitectura de las propuestas para ocio y consumo utiliza indistintamente fragmentos y referentes. Sus construcciones son contenedores vacíos definidos por las pieles que los envuelven, a los que se sobreponen imágenes que cambian y mutan continuamente. Los códigos internacionalmente reconocidos y las marcas son de una variabilidad imperceptible y funcionan como sustento del discurso. El diseño de un centro comercial puede ser o no diferente de una ciudad a otra, pero lo que será inevitablemente similar son las tiendas de franquicias que lo conforman. El resultado es una creciente homogeneización de los bienes y servicios que se ofrecen y que se pueden comprar. El consumo a la "americana" se caracteriza simultáneamente por la diversidad y la homogeneidad; esto es, la "homogeneización diversificada" o la falsa diversidad.[25]

■ Buenos Aires: espejismos de recuperación urbana

Los espacios para el entretenimiento, una de cuyas características imprescindibles es estar cerrados respecto al entorno, no son exclusivios de áreas suburbanas no cualificadas, sino que su lógica se ha implantado también en medio de la ciudad. La aparición de contenedores urbanos, ya sean de nueva construcción o aprovechando una estructura preexistente en desuso, vuelven a confirmar el modo segmentado de hacer la ciudad global. Cuando el nuevo edificio comercial reutiliza una estructura arquitectónica previa y valorada por la ciudad, obtiene una ventaja añadida: la posibilidad de utilizar el discurso de la recuperación y la memoria urbana, ganando así carta de ciudadanía, validez y respeto. Los objetos y servicios ofrecidos en un contexto histórico también se valorizan y cualifican.

"Crawford ha señalado los aspectos negativos del uso de la autenticidad como herramienta de venta. Una apropiación de valores tiene lugar cuando las mercancías adquieren un aura de calidad y autenticidad que proviene de la fuente o el emplazamiento. Un proceso denominado [...] 'mercantilización' de la cultura estadounidense".[26]

Del entorno se aprovecha su potencial capacidad para evocar el imaginario colectivo; la identidad y la historia del lugar se manipulan y convierten en un relato interesado que eliminará a parte de los protagonistas y resaltará epopeyas falsas y edulcoradas.

Los centros comerciales o de ocio no pretenden potenciar la ciudad y, de manera casi programática, no se relacionan con el entorno. Son una burbuja más que com-

[25] Ritzer, George, *op. cit.*
[26] Huxtable, Ada Louise, *The Unreal America. Architectures and Illusion,* The New Press, Nueva York, 1997.

pleta el mapa de relaciones encapsuladas y seguras que se proponen desde la lógica reduccionista de una ciudad de "iguales". Trasladarse en vehículo privado, entrar con él en los edificios burbuja y salir a caminar en esta atmósfera de pureza y seguridad. Olores e iluminación confieren un aire de máxima asepsia a dichos espacios, apoyados por ejércitos de personal de limpieza que son visibles constantemente. La artificialidad de los espacios no les permite envejecer, ni tan siquiera tener vida; por ello, cualquier seña de abandono, de paso del tiempo o de ocupación previa por otros se borra para no generar aprensión o se pueda pensar que el "otro" ha estado allí.

Los proyectos comerciales más emblemáticos de Buenos Aires podrían hacer pensar que la aparición de estos contenedores ha sido beneficiosa, que han sido los gérmenes para la reactivación de determinadas áreas, pero ha sucedido lo contrario. Podrían haber sido nuevas centralidades urbanas, nodos generadores de sinergias creativas y productivas, pero ni su concepción empresarial ni su diseño arquitectónico conducen a una interactividad e interrelación con la ciudad que no sea la mirada desde la aislada seguridad y paraíso inaccesible para los que se quedan fuera.

La instalación de un contenedor comercial en un área consolidada no aporta ningún beneficio; lo que hace es apropiarse de la energía del lugar y construir un mundo interior que niega y segrega el exterior. Sus fachadas sólo son frontera, —ya sean escaparates, superficies decoradas como pantallas de televisión o neones—. Cuando se sitúan en un medio urbano degradado, las mismas características del nuevo edificio enfatizan el contraste acentuando la degradación circundante y el efecto negativo.

■ La memoria del mercado

En noviembre de 1996 se anunciaba el Programa de Desarrollo Urbano de la avenida Corrientes, con la intención de recuperar, por medio de diversas operaciones públicas y privadas, áreas urbanas degradadas o deprimidas. Se pretendían generar proyectos que, dentro del marco del programa, reforzaran el eje de la avenida Corrientes a su paso por diferentes barrios, con actuaciones a diferentes escalas. Cada zona se configuraría según los diferentes actores y situaciones con las que se encontrara.

La zona del antiguo Mercado de Abasto se encontraba dentro del ámbito del Programa, como la pieza fundamental de un proceso de reestructuración y revitaliza-

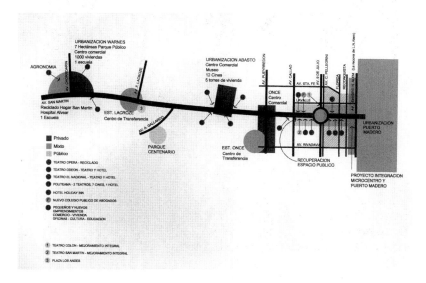

ción urbana marcada por la segregación y la segmentación. El mercado se sitúa sobre la avenida Corrientes, a 3 km de Puerto Madero, emblema global por antonomasia de Buenos Aires.

El Mercado de Abasto de Buenos Aires fue construido en 1934 por los arquitectos Victorio Sulcic y Raúl Bes, en colaboración con el ingeniero José Luis Delpini. Su estructura de cinco naves abovedadas de hormigón armado confirió al mercado una imagen singular y de gran calidad arquitectónica. Primer edificio de la ciudad en utilizar el hormigón visto en fachadas e interiores, obtuvo el Premio Municipal de Fachadas en 1937; con una estructura original que resalta la cubierta en doble bóveda con incrustaciones de placas de vidrio armado que aligeran la estructura e iluminan el interior.

A mediados de la década de 1970 se decidió trasladar el mercado y fue finalmente abandonado al inaugurarse el nuevo Mercado Central de Abasto en 1983. Su desaparición detuvo el motor económico del área, y los edificios aledaños, utilizados como extensiones informales del mercado, fueron abandonados, lo que favoreció su ocupación por parte de una población marginal, atraída por la posición central del área que permite mejorar su capacidad de acceso al trabajo, a los servicios públicos y a las infraestructuras.

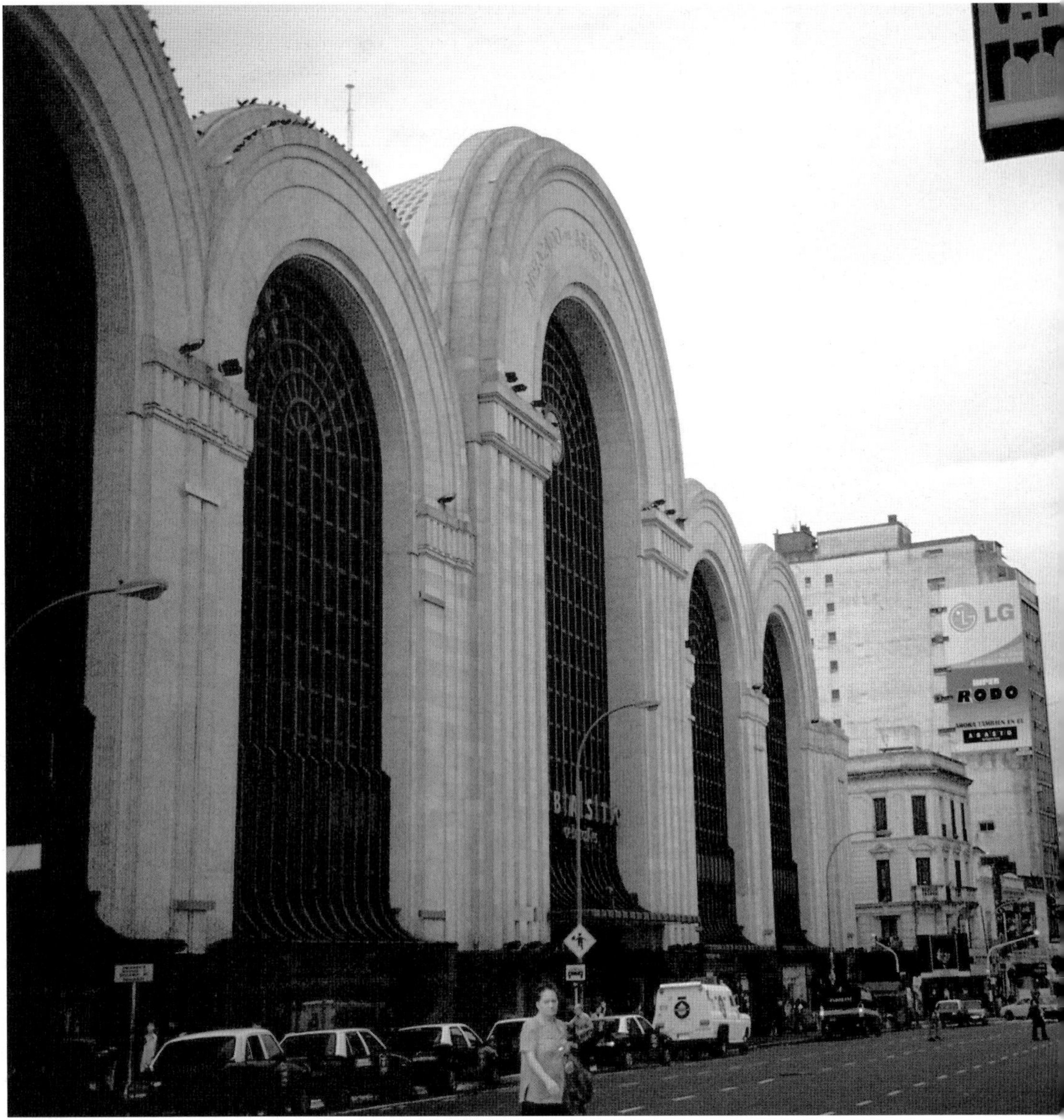
LG
RODO

"Pobreza de la ciudad. Por la irracionalidad urbana que supone la existencia de un parque físico desocupado de 150.000 viviendas —según el censo de 1991 del INDEC—, el deterioro físico ambiental en las áreas donde prima el abandono (muchas veces vinculado con estrategias de especulación inmobiliaria) [...], muchas de las cuales son ocupadas".[27]

En 1983 se llevó a cabo una primera propuesta para convertir el edificio en centro comercial y cultural. Desde entonces han sido varias las ideas para recuperar el edificio; desde un centro de "artes vivas" propuesto por el pintor Antonio Berni, hasta el traslado de la Secretaría de Cultura de la Nación o el Archivo General de la Nación. En 1984 el edificio fue adquirido por la Sociedad Cooperativa El Hogar Obrero, que propuso construir un supermercado y un pasaje comercial con un centro cultural, pero la quiebra de la cooperativa imposibilitó el proyecto.

Finalmente, el mercado fue adquirido en 1994 por el grupo IRSA, dirigido por el inversor global Görg Soros, quien reconvirtió el antiguo Mercado de Abasto en un gran centro comercial y de ocio, con cines, parques de diversiones, tiendas, restaurantes y espacios de reunión.

Este edificio es la cara visible de un proyecto de transformación urbana de características inéditas en la ciudad y en el país. La peculiaridad del proceso de transformación radica en que se trata de un proyecto urbano de un sector de la ciudad que no ha sido realizada por la Comisión de Planeamiento Urbano o por ningún Ente Autárquico —sociedad formada por representaciones de diferentes órganos estatales, como Puerto Madero—, sino por un grupo inversor privado (IRSA), propietario-accionista mayoritario de Alto Palermo, SA como de todos los centros comerciales de Buenos Aires. Si bien las intervenciones se ceñían a la normativa del código de planeamiento urbano de la ciudad, la dimensión de la propuesta y el impacto sobre la zona hubiera hecho deseable una discusión abierta sobre su futuro y la participación activa de los ciudadanos a través de los representantes del gobierno y, también, de la consulta o participación directa.

La estrategia de aumentar el valor del suelo en una determinada zona a partir de un equipamiento de ocio responde a la lógica de las inversiones realizadas mediante la arquitectura global. Terrenos sin valor sitos en periferias interiores o exteriores, adquiridos a un precio muy bajo, se valorizan con una operación bandera que generan una ganancia de la inversión en progresión geométrica, a partir de la consecuente especulación urbana que se produce en los terrenos adyacentes, guiados por la promesa de la reconversión. IRSA compró el antiguo mercado y también algunas manzanas de los alrededores. Tras la rehabilitación del mercado, algunos de esos terrenos habían aumentado su valor de venta hasta en un 1.000 %.[28]

La regeneración urbana que sigue estas reglas del juego se apoya en una geografía formada por islas dispersas en un mar de pobreza y degradación, en zonas casi inexpugnables para peatones. Estas islas forman la huella en Buenos Aires de una economía segregadora y de una comprensión parcial de la realidad.

Edificios vecinos al Abasto que muestran su deterioro (estado en el año 2000)

El centro comercial Abasto se inauguró el 30 de octubre de 1998 en la calle Corrientes, una calle cantada en los tangos, "la calle que nunca duerme", otrora famosa por sus cafés, teatros y librerías abiertas hasta altas horas de la noche, en cuyo cruce con la avenida 9 de Julio se levanta el Obelisco de Buenos Aires. Durante el último cuarto del siglo XX, desde el inicio de la dictadura en 1976, esta zona ha visto decaer poco a poco su hiperactividad como centro urbano, en beneficio de áreas más seguras, mejor conectadas y con nuevos atractivos.

Aunque el Abasto esté dentro de la ciudad, es un "producto urbano" que no asume las características del lugar ni se suma a la realidad, sino que se sustrae e intenta capitalizar en su beneficio el mito de la avenida Corrientes.

La llegada a pie a Abasto no es fácil; es una relación posible pero que el proyecto no potencia. De las cuatro fachadas del edificio, una se considera de servicios y da

[27] Rodríguez, María Carla, "Organización de ocupantes de edificios en la Capital Federal: la trama poco visible de la ciudad negada", en Herzer, Hilda (ed.), *Postales urbanas del final del milenio. Una construcción de muchos*, Universidad de Buenos Aires, Buenos Aires, 1997.
[28] Meninato, Pablo, "Las leyes del viejo mercado", en *Summa+*, 35, febrero-marzo de 1999.

la espalda negando cualquier relación con ella. De las otras tres, dos potencian el acceso rodado, bien señalizado, a nivel de la calle, mientras que el acceso peatonal se resuelve con unas grandes e imponentes escaleras que no invitan a entrar. La fachada principal sobre la avenida Corrientes presenta un único acceso peatonal central que no coincide con los niveles de uso del centro comercial. El acceso se realiza a través de una plataforma vigilada por guardias de seguridad privados que cohíben a quienes no estén seguros de aprobar el examen de apariencia que requieren estos espacios de consumo. El exterior y el interior no fluyen ni se concatenan uno en el otro. El seudoespacio público interior es antiurbano, segregador y excluyente.

La mecánica que se ha seguido para el desarrollo del proyecto del centro comercial Abasto reafirma la suposición de que consiste en un elemento arquitectónico extraño a la ciudad real y que, en cambio, tiene que ver con los nuevos mecanismos de la arquitectura de la ciudad global. Los proyectos proceden de estudios de arquitectura, generalmente de Estados Unidos, que dejan a los equipos locales la "traducción" a medios y sistemas tecnológicos del lugar. Si se hace imprescindible la demostración de alta tecnología, se importan componentes y se ensamblan *in situ*. Esta manera de hacer confirma la idea de que la producción de conocimientos e intangibles es la diferencia para el siglo XXI entre dominar y ser dominado, entre una ciudad global y la que no lo es.

El proyecto fue realizado por el estudio BTA (Benjamin Thompson & Associates Inc.) de Boston, Estados Unidos, y los equipos locales encargados de "traducir" el proyecto estuvieron formados por los arquitectos Manteola, Sánchez Gómez, Santos, Solsona y Sallaberry —uno de los estudios de arquitectura con más obra construida y mayor trayectoria profesional de Buenos Aires—, y por Pfeifer y Zurdo —estudio con amplia experiencia en centros comerciales y supermercados—. En el mobiliario urbano y el ambiente interior trabajaron la arquitecta Diana Cabeza y la paisajista Cristina Le Mehauté.

El nuevo centro comercial es el más grande construido hasta ese momento en Buenos Aires, con 120.000 m^2 destinados a comercio y entretenimiento, distribuido en cinco niveles, con 230 locales comerciales, 12 salas de cine, un patio de comidas con capacidad para 1.700 plazas y 1.300 plazas de aparcamiento en dos plantas, un museo para niños de 4.000 m^2 y un parque de atracciones. Las premisas del proyecto consistieron en preservar la estructura abovedada del edificio original que daba a la avenida Corrientes y construir un nuevo volumen sobre la calle Lavalle para albergar los cines donde se encontraban las primitivas naves del mercado de 1893, de las que se han conservado sólo las fachadas que, además, se han cegado.

Como nexo entre la estructura de hormigón recuperada y los cines se ha realizado una "plaza" con cubierta de vidrio que hace a la vez de fuelle y de gran *foyer*. Desde la "plaza", de aproximadamente 3.600 m^2 y 15 m de altura se observa la sección de las bóvedas del antiguo mercado transformadas en fachada interior. La calidad del mobiliario interior diseñado por Diana Cabezas contrasta con lo inhóspito del paisaje urbano "real" circundante. Según la memoria entregada a los medios de comunicación:

"En la plaza se ubicarán también, reproduciendo situaciones tradicionalmente urbanas, árboles, mesas y sillas que incitarán a un intenso y continuo uso de ese espacio semipúblico".[29]

Las situaciones urbanas reproducidas se reducen a una escenografía, pues con un interior monofuncional y monosocial no pueden generarse ni la casualidad ni la heterogeneidad urbana. La propia memoria del proyecto muestra esta intención de reducir toda realidad a un simulacro de sí misma, a un espacio pensado por y para el fin único del consumo como experiencia vital; el Abasto nos ofrece la "experiencia urbana y ciudadana".

[29] "Los cinco niveles", en *La Nación*, Buenos Aires, 5 de agosto de 1998.

"En la creciente economía de la experiencia, las empresas deben tener en cuenta que fabrican memoria, no bienes. Así, por ejemplo, sugieren a los fabricantes que inyecten experiencia en sus productos. Los fabricantes de automóviles, arguyen, deberían concentrarse en mejorar' la experiencia de conducir' ".[30]

La ubicación de la plaza, el corazón del proyecto, en la mitad posterior del edificio se justifica por la intención de respetar la estructura abovedada del mercado, aunque reafirma el funcionamiento de un edificio proyectado para acceder en vehículo privado. Las soluciones podrían haber sido múltiples; por ejemplo, la opción tomada en la recuperación del Covent Garden, el antiguo mercado londinense, mantuvo la estructura de mercado abierta para comunicar sin restricciones el interior con el exterior. Las calles penetran en la estructura interior del mercado y generan un espacio fluido y continuo. La permeabilidad de los límites es máxima, de este modo se consigue una sinergia entre espacio público y espacio privado que resulta beneficiosa para ambos, lo contrario a lo que ocurre en Buenos Aires, donde la plaza se ha ubicado a una cota de 4,5 m sobre la calle, dando preferencia al acceso rodado frente al peatonal, se ha impedido que entre el espacio público urbano y el seudoespacio público proyectado se establezca una relación sinérgica. El acceso a pie desde las calles laterales del edificio sólo es posible tras haber salvado inmensas escaleras. En cambio, el acceso hasta la plaza es fácil y directo mediante las escaleras mecánicas que suben desde el aparcamiento.

Aunque la premisa del proyecto era conservar la estructura abovedada para que fuera visible desde diferentes espacios, la espacialidad de la bóveda se ve interrumpida por la presencia de una gigantesca noria que invade otras áreas con usos del parque de entretenimiento. La saturación de estímulos es una mecánica que acompaña al intento de proponer constantes novedades y nuevas atracciones. El resultado de estas dinámicas voraces es la saturación y el exceso con el único fin de conseguir la experiencia de la abundancia.

Al exceso de mensajes y su confusión se le suma, como característica del espacio contemporáneo de consumo, la implosión de espacios claramente exhibida en la planta superior del centro, donde las zonas de comidas, juegos y escenarios se abren como plateas sobre espacios inferiores y difumina los límites espaciales y funcionales.

También le ha llegado el momento al museo, como esencia del espacio de la cultura, de implosionar y confundirse en el consumo. En la cuarta planta se ofrece,

30 Rifkin, Jeremy, op. cit.

además de un parque de diversiones, una nueva experiencia para los niños, Urbania, Museo de los Niños, que se presenta como el primer "museo interactivo temático".

Urbania es una ciudad en miniatura que está representada por los trabajos que en ella se realizan. La propuesta excede su propósito de diversión y formación e incluye mensajes de propaganda. Los iconos del restaurante de comida rápida McDonald's se graban en la memoria de los niños antes de ser conscientes o de poder experimentarlo, pasando a formar parte de un incuestionable imaginario urbano y de pautas de conducta futuras. El museo cuenta, entre otras actividades, con estudios de grabación de televisión y de radio, autobuses y obras en construcción, en un espacio que ofrece a los niños la "experiencia de la diversidad urbana", experiencia que, posiblemente, muchos de ellos ya no conocerán en su vida cotidiana encapsulada.

"Los centros comerciales son complicados mecanismos de comunicación, pensados para reproducir partes de una cultura en formas comerciales simuladas [...], la actividad cultural que se desarrolla en ellos nunca es un fin en sí mismo, sino que es instrumental respecto a su principal objetivo: la mercantilización de experiencias de vida a través de la compra de bienes y entretenimiento".[31]

El resto de componentes de la operación del área del Abasto son: un hotel de cuatro estrellas de la cadena Hollyday Inn, el pasaje peatonal Carlos Gardel, un recinto cerrado con tres torres, dos para viviendas y una para oficinas, y un gran supermercado. Todos se inscriben en la misma lógica de revitalización basada en el consumo y en la expulsión-exclusión, siendo extraños al entorno urbano, como búnkers contra la realidad circundante de la ciudad.

El pasaje Carlos Gardel es un remedo del pasaje Caminito en La Boca, la postal más buscada en Buenos Aires. Este nuevo pasaje también enmascara una realidad de marginalidad y pobreza. Esta escenografía, junto al hotel, hacen que la zona tenga capacidad de situarse, no sólo en el lugar privilegiado del consumo local, sino en un lugar destacado de la geografía turística de la ciudad.

La transformación parcial de un área degradada en lugar turístico sólo puede lograrse si se la segrega, se la aísla de su entorno y se la hipervigila. Una cápsula sin visiones hacia el mundo real que la envuelve, al que se ha llegado con anteojeras que impiden distraerse del foco al que hay que dirigirse, sin preguntas ni alteraciones

[31] Rifkin, Jeremy, op. cit.

Arriba
Zona de Abasto: torres vigiladas.

Derecha
Zona de Abasto: hotel Hollyday Inn al fondo.

en el cometido. La moda reciente en Estados Unidos de realizar paseos en un falso *rikshaw* (calesa oriental de dos ruedas tirada por un hombre), es un ejemplo de la banalización y estetización de todo. En la sociedad de consumo norteamericana, donde todo se vacía de contenido y se presenta aislado de la realidad, no es extraño encontrar la pobreza misma convertida en espectáculo, como una sofisticación más. En agosto de 2000, en las calles de Coconut Grove, Miami, jóvenes apuestos y bien alimentados ofrecen el servicio de *rikshaw* como si fuera una diversión más. Se simula un medio de transporte que en algunos países asiáticos es utilizado por verdaderos desheredados como recurso infrahumano de supervivencia: se ofrecen como animales de carga. La falta de noción de la realidad y de los "otros" convierte la desgracia en un festín.

Lo que se presentaba como una oportunidad para la ciudad, no ha quedado más que en un proceso de especulación urbana. Terminado el año 2002, no se han realizado más proyectos fuera de los citados dentro de la gran "operación de recuperación del Abasto". Solamente se han creado productos urbanos que no fomentan el diálogo ni la relación con la ciudad y, ni siquiera, entre ellos mismos. Cerrados en sus fortalezas de vidrio, hipervigiladas y controladas, observan desde el lujo, la fantasía y los fastos del consumo trepidante cómo se descompone la ciudad real, a la espera de una mejor oportunidad para los especuladores, para quienes el futuro del área consistirá en completar el proceso de gentrificación, expulsando a los residentes que resisten y sobreviven, a medida que aparezcan operaciones inmobiliarias de nuevos productos urbanos. En situaciones de colapso o crisis económica, los espacios aislados y soberbios que han negado las relaciones de proximidad tienen mayores posibilidades de sucumbir y convertirse en huellas indelebles, con serias dificultades para su reabsorción progresiva.

■ Mito antiurbano

En 1989, el Gobierno de la Provincia de Buenos Aires lanza un plan de diez grandes proyectos para crear y recuperar espacios públicos, entre los que se encontraba el borde del río de la Plata y de las vías del ramal del tren Mitre, una línea abandonada en 1961 debido a su escasa rentabilidad.

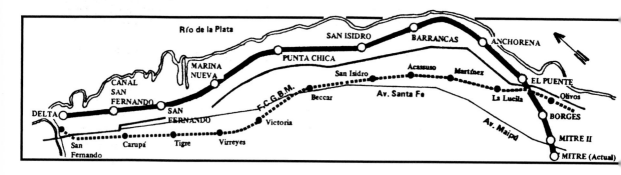

La idea de dotar a Buenos Aires y su área metropolitana de un paseo lineal sobre la costa, considerando la dificultad de encontrar grandes zonas vacantes en el área urbana, ya estaba en la mente de quienes presentaron en 1914 el "Plano y memoria descriptiva de las obras de embellecimiento de la costa". La ambición del proyecto era generar una gran avenida ajardinada que, desde Capital Federal hasta Tigre, recorriera los parajes más pintorescos de la zona. El compromiso para la construcción de este proyecto fue avalado por los representantes de los partidos de la zona norte. A su vez, la ciudad de Buenos Aires debía construir una avenida ribereña desde Puerto Nuevo hasta el parque suburbano, propuesta que se unía a otras formuladas entre el siglo XIX y el siglo XX y que atribuían al parque público la capacidad de regenerar el medio ambiente, controlar el crecimiento urbano y

constituir un espacio de uso imprescindible para el embellecimiento de la ciudad, la convivencia y el aprendizaje social. [32]

La recuperación del trazado del tren Mitre tenía la intención de ser un espacio público lineal que favoreciera el contacto con el río. Sin embargo, su concreción ha quedado lejos de estas intenciones: el Tren de la Costa es fundamentalmente un paseo comercial en forma de trazado ferroviario que comienza en Vicente López, lindero a la ciudad capital, y termina en Tigre, en el delta del río Paraná, en el Parque de la Costa.

El área por la que discurre el trazado del ferrocarril pertenece a municipios colindantes a Buenos Aires, con la que conforman una unidad espacial sin solución de continuidad, con el mismo patrón de crecimiento y densidad decreciente a medida que su distancia es mayor al centro de Buenos Aires, y con centros urbanos más densos en los alrededores de las estaciones de ferrocarril. Aún así, tanto la composición de la trama urbana como del tejido social no presenta exactamente las mismas características a lo largo de todo el recorrido.

"En Vicente López, el primer municipio que atraviesa según se aleja de Buenos Aires, el tejido urbano se halla consolidado, es de buena calidad arquitectónica y de

[32] Tella, Guillermo, "Benito Carrasco en el camino de la costa", en Summa+, 20, 1996.

alta densidad, con una manifiesta carencia de espacios verdes públicos [...]; el ramal abandonado se convierte en tajo que lastima la trama existente.

En el partido de San Isidro, el ramal se vuelca hacia la costa, transformándose en borde del sector de barrancas [...] en dos situaciones: una en que el uso de suelo residencial es de baja densidad y de alto valor económico, y otra [...], el sector de alto valor patrimonial necesario establecer mecanismos de preservación [...].

En San Fernando [...] se presenta una de las mayores fracciones colaterales vacantes, se complementa con la presencia del antiguo edificio de la estación y el asentamiento de viviendas precarias de aproximadamente 400 familias [...] siendo uno de los mayores desafíos de integración con la trama existente".[33]

El tramo que atraviesa las localidades de San Isidro y San Fernando es un área socialmente dual, donde el trazado del tren en desuso actúa como límite.

Por un lado, sobre las barrancas y a resguardo de las inundaciones, encontramos viviendas acomodadas, verdaderas mansiones, algunas de las cuales llegan a superar los 3.000 m^2 de superficie, que observan desde las alturas la belleza del paisaje del río, sin tener ninguna relación visual ni espacial con la miseria que se vive más allá de las vías y los árboles. Las calles de acceso a estas casas se cortaban en las vías; por tanto, el corte provocado por el tren era visual, espacial y vital. Los habitantes de la ribera sufrían las periódicas inundaciones y las carencias de servicios de infraestructuras domésticas mínimas —agua corriente, saneamiento y electricidad—, así como la falta de transporte público.

El proceso de recuperación del trazado ferroviario como paseo comercial ha conllevado la eliminación de la mayor parte de los habitantes de la ribera. Poco a poco se han ido consolidando a lo largo de la costa barrios cerrados, náuticos, clubes o recintos recreativos privados, y, en zonas más urbanas como San Isidro, los terrenos marginales fueron comprados por profesionales de clase media, que llegaron a convivir en la precariedad de los marginales, pero que, poco a poco, han acabado expulsando y erradicando al "otro", provocando un claro proceso de gentrificación.

Si bien la primera propuesta de proyecto contemplaba la reconversión de la zona como espacio público —zonas de recreo verde, de esparcimiento familiar y deportivo—, al final la lógica empresarial ha dominado en la realización del proyecto. Entre la estación Libertador y San Isidro, equivalente a un tercio del recorrido, se

[33] Gobierno del Pueblo de la Provincia de Buenos Aires, Ministerio de Obras y Servicios Públicos, Dirección de Relaciones Públicas, Prensa y Difusión, Memoria del Proyecto de Rehabilitación y Recuperación del Ramal Norte (Borges-Delta), acción comprendida en el programa 10 (Grandes Emprendimientos Urbanos) a cargo de la Dirección de Ordenamiento Urbano de la Provincia de Buenos Aires, en *Boletín Informativo del MOSP*, 20, 2 de marzo de 1989.

Mansiones hipervigiladas, vivienda precaria, parque y antigua estación transformada en anticuario.

ha realizado al oeste de la vía un carril peatonal y para bicicletas y, del otro lado, a la altura de la estación Anchorena, un parque ribereño con áreas deportivas y de descanso que son los únicos espacios de dominio público de todo el recorrido.

En la recuperación y en las nuevas estaciones se ha buscado una arquitectura tradicional con claras referencias a la arquitectura industrial inglesa de las infraestructuras ferroviarias de finales del siglo XIX. Este referente se ha utilizado en las propuestas de los barrios cerrados y en el recorrido comercial del tren, que tienen su

Delta del río Paraná.

base formal y constructiva en una arquitectura liviana de madera y chapa ondulada en los tejados y muros de ladrillo visto.

La localidad de Tigre siempre ha sido para el bonaerense el referente de naturaleza y placer, el lugar para la huida de lo urbano y el contacto con lo orgánico. La infinidad de islas que forman el delta ofrecen un sinnúmero de posibilidades para casi todas las clases sociales, clubes y asociaciones deportivas y recreativas privadas o públicas, instaladas en diferentes islas, viviendas permanentes o de vacaciones e islas aún vírgenes y desiertas de naturaleza exuberante; un espacio paradisíaco sin normas ni reglas, un escape para la rígida moral o formalidad urbana.

"A finales de siglo XIX, dentro de los pueblos veraniegos, Tigre constituyó el lugar de mayor sofisticación, ya que a las viviendas se agregaban clubes deportivos, gran cantidad de recreos y el Tigre Hotel, cuyo casino constituía un lugar nada desdeñable [...]. En términos más amplios, Tigre ofrecía posibilidades de distracción y sociabilidad en contacto con la naturaleza, pero próxima a la ciudad, notablemente más complejas y variadas que otros pueblos veraniegos, acordes con la sofisticación que las costumbres de los sectores altos iban adquiriendo.

Dos procesos apoyaban creaciones como las de Tigre: por un lado, el auge de los deportes, y con ellos la proliferación de clubes; por otro, la creciente tendencia a realizar fuera de la casa una serie de actividades sociales, trasladándose a los nuevos ámbitos de sociabilidad que incesantemente se creaban: hoteles, hipódromos, casino, clubes, casas de té. Ambas transformaciones se ligaban estrechamente y se consideraba la introducción de 'costumbres anglosajonas' interpretadas como elementos modernizadores de la vida social de la elite local [...], insistiendo en los beneficios que acarrearía al país la importación de costumbres del pueblo que había llegado a ser el 'dueño del mundo'; en realidad los sectores altos argentinos seguían buscando en Francia un árbitro de la vida mundana, porque en tal sede se habían adoptado ya buena parte de las costumbres anglosajones que fascinaban a los argentinos en el fin de siglo".[34]

El recorrido del Tren de la Costa finaliza en este entorno real e imaginario. En la confluencia de los ríos Tigre y Luján, se instala el Parque de la Costa en un terreno de 15 ha: un clásico parque de atracciones y diversiones, con juegos mecánicos basadas en el vértigo y la velocidad y un pequeño, pero elocuente, guiño temático.

[34] Ballent, Anahi, "Country Life: los nuevos paraísos, su historia, sus profetas", en *Block*, 2, mayo de 1998.

No es de extrañar que este lugar sea el escogido para colocar el parque de diversiones que implica el lugar de la exuberancia del gesto, del exceso de pasión y de la adrenalina.

En el cambio de siglo y en las primeras décadas del siglo XX, los sucesivos parques de diversiones de Coney Island,[35] cerca de Nueva York, y sus simulaciones de la ciudad en llamas, significaron para los habitantes del campo o de pequeñas ciudades americanas la verdadera imagen de la metrópolis y no su representación. Los miedos y el futuro sobre la gran ciudad se plasmaban en la simulación de Luna Park o de Dreamland. Así, Conney Island será la prefiguración de un Manhattan fatal al que Walt Disney contrapuso Disneylandia. El Parque de la Costa es ambas cosas a la vez: por un lado se convertirá en la prefiguración de la Buenos Aires fatal, de lo peor que está por venir; y, por otro, es el antídoto, con su oferta de paraísos controlados, asociado formalmente a los barrios cerrados.

"Ogilvey [...] reconoce que habrá quien se oponga a la mercantilización de la pasión, defiende que 'la pasión es más segura' cuando se recluye en el mercado que 'cuando se sublima con la religión o la política y entra en erupción' ".[36]

Al igual que Conney Island respecto a Nueva York, Tigre respecto a Buenos Aires es la zona de naturaleza más cercana que puede contrarrestar las presiones urba-

35 Koolhaas, Rem, *Delirio de New York*, Editorial Gustavo Gili, Barcelona, 2004.
36 *Ibid.*

Parque visto desde la noria,
en primer plano el espectáculo
"Buenos Aires 2067".

nas. La naturaleza del delta desaparece o ve peligrar su futuro a lo largo del siglo XX, llegando en su último cuarto a ser tan urbana que, para seguir ofreciendo su atractivo diferencial con la ciudad, se convierte en un espacio de diversión artificial.

Encontramos la representación de la ciudad del peligro en un pequeño espacio escénico, con capacidad para 2.000 espectadores, donde se presenta Buenos Aires en el futuro; una ciudad colapsada, destruida y que es invadida por extraterrestres.

"Un espectáculo sin precedentes en el país, 'Buenos Aires 2067, Cuartel de Captación' es un *show* de riesgo, con impresionantes explosiones, puestas de luces, sonidos, efectos especiales y participación de público [...]. Es un día gris y lluvioso de algún mes perdido de 2067. Buenos Aires fue elegida como ciudad piloto para establecer un nuevo orden en la tierra. Los captores toman como rehenes a los terrícolas para concretar la misión de lavarles el cerebro".[37]

Más allá del argumento, lo más importante es la idea de la destrucción y de la peligrosidad que significa vivir en la ciudad que, tal como transmite la escenografía, es fácil de identificar con la arquitectura ecléctica de Buenos Aires a principios del siglo XX y que se diferencia claramente de la utilizada en los barrios cerrados. La idea del peligro penetra en los subconscientes y sirve a las estrategias del grupo inversor, que también construye barrios cerrados y centros comerciales, espacios

[37] www.parquedelacosta.com.ar
(19 de septiembre de 2000)

pensados para huir de la ciudad del "miedo" que coincide con la ciudad real. Esta estrategia de convencimiento de la peligrosidad que significa vivir en la ciudad, y de la salvación que comporta vivir en los enclaves, se refuerza mediante el lenguaje arquitectónico utilizado tanto en el parque como en los barrios cerrados. La arquitectura de los barrios cerrados y del parque de ocio es la misma: atemporal y tradicional.

Los posibles peligros del parque se exorcizan en carteles que constantemente advierten a aquellas personas sensibles que, si bien todo es un juego, su extremo realismo puede afectar y que, por tanto, se abstengan de disfrutarlos. El riesgo sólo puede ser el que está totalmente controlado, contemplado y medido, contrariamente a lo que sucede en la vida real, donde la decisión de cada uno tiene que ver con la acumulación de experiencias propias, sin carteles de advertencia. La ciudad real pide a quienes la habitan un grado de conciencia y responsabilidad que es innecesaria en esta nueva sociedad de la experiencia encapsulada; se participa como observador de la propia vida, pues siempre habrá otro que corra con la responsabilidad de las decisiones.

"Un hombre reificado ostenta públicamente la prueba de su intimidad con la mercancía. Como en los éxtasis de los convulsionarios o los hechizados del viejo fetichismo religioso, el fetichismo de la mercancía alcanza momentos de excitación ferviente. También aquí se expresa un solo uso: el uso fundamental de la sumisión".[38]

A menos de una década tras su inauguración, la continuidad de los proyectos del Tren de la Costa y del Parque de la Costa es una incógnita. El parque, en el que se inauguró un casino en el año 2000, se encontraba casi en quiebra a principios del año 2001; el abandono es visible en partes del complejo, mientras que las ruedas de la fortuna y los trenes siguen funcionando. La arquitectura de cartón piedra sólo se mantiene con el cuidado constante; la vejez de los edificios debe estar controlada y camuflada; su deterioro es la visión de un maquillaje ajado luego de una noche de fiesta o, peor aún, de una cirugía estética mal hecha.

Las transformaciones urbanas entendidas como inversión inmobiliaria adquieren unas dimensiones insospechadas que generan una huella sobre el tejido difícil de difuminar e integrar. Si la decadencia de una casa, una infraestructura o un edificio genera graves disfunciones a su alrededor, ¿qué les ocurre a estos productos urbanos de duración limitada, de fuegos fatuos, cuyos desechos nos quedan como herencia?

[38] Debord, Guy, *op. cit.*

Como conclusión, el negocio de los espacios de ocio, aun en aquellos donde participan entes públicos, se fundamenta en fagocitar las energías existentes, tomadas sin ningún compromiso social ni urbano. El negocio financiero inmobiliario se salda con grandes beneficios en un plazo máximo de cinco años, tras los cuales, los buitres dejan el lugar en busca de nueva carroña. La revivificación que supuestamente efectuaron sobre las áreas intervenidas se desvanece como un espejismo y, en su lugar, dejan estructuras muertas y sin valor arquitectónico, cultural ni simbólico.

4. La ciudad corporativa

Una polarización más se cierne sobre las ciudades, y es la representada por áreas interiores de sobrecentralidad que se caracterizan por estar comunicadas con autopistas tanto reales como virtuales, y por tener conexión directa con aeropuertos y terrenos libres para construir edificios-símbolo de altísima tecnología. La facilidad de acceso por medio de vías de comunicación rápidas permiten acceder a la isla laboral desde las islas residenciales. Del mismo modo que sucede con el aeropuerto, las conexiones deben ser inmediatas, sin que su recorrido se vea obstaculizado por la ciudad real, la no emblematizada. Por otro lado, ni la tecnología ni la modernidad son suficientes, sino que deben poder concentrar significaciones históricas del lugar. Los centros históricos tienen este potencial de referencia, pero las ventajas de su gran carga simbólica se contrarrestan con el celo patrimonialista sobre los edificios que los conforman. Por ello, la situación ideal para estas áreas de sobrecentralidad es estar cerca del centro referencia de la ciudad, pero no en el centro mismo, para no tener que soportar pesos muertos que impidan la completa modernización de las infraestructuras, los servicios y los edificios. Equipamientos industriales, ferroviarios o portuarios en desuso se convierten en el lugar idóneo, pues se pueden cargar de valor añadido con un discurso patrimonial e histórico, de memoria y tradición, pero con un valor simbólico no lo suficientemente fuerte como para que resulten intocables. Para la apropiación de la memoria colectiva, dulcificada y manipulada, se creará un discurso mediático imprescindible para que los intereses que rigen tan sólo a las corporaciones se vuelvan colectivos, como observa Noam Chomsky: "Se espera que los *media* eduquen al público según los intereses de quienes determinan las políticas en cada momento, y han de hacerlo con entusiasmo y optimismo sobre las diferentes causas [...]. Si una de estas causas es la concentración del poder privado en concomitancia con la fabricación de consenso hacia sus prioridades y privilegios, con el fin de actuar como guardianes que protegen el privilegio frente a la amenaza de la comprensión y participación pública, los *media* pueden acudir a una 'ilusión necesaria' seleccionando cuidadosamente el marco en el que se discutirán los tópicos y dejando sin mencionar el aumento de beneficios y ciertas premisas".[1]

También, como ventaja añadida, la separación con la ciudad, a pesar de su colindancia, hace posible la creación de un conjunto segregado. Esto explica por qué en la sociedad de redes la dispersión y la multicentralidad sólo sean una parte del reajuste geométrico de las ciudades, y se mantengan centralidades de valor estratégico y simbólico que son aprovechadas por las corporaciones. La fuerza simbólica de la nueva economía se hace visible a través de sus sedes-emblemas sobre la ciudad existente según dos premisas básicas: la centralidad y la conectividad.

[1] Chomsky, Noam, Ilusiones necesarias. Control del pensamiento en las sociedades democráticas, Ediciones Libertarias, Madrid, 1992.

"Sin embargo, la descentralización, mejor expresada en el proceso extrarradial de oficinas y servicios, está teniendo lugar simultáneamente con el refuerzo de la centralización de la toma de decisiones en los núcleos empresariales de los mayores distritos financieros centrales y dentro del marco del dominio metropolitano, reforzado por la nueva infraestructura de telecomunicaciones. Es la dialéctica entre estos dos procesos de centralización y descentralización la que fundamentalmente caracteriza la nueva lógica espacial resultante de las transformaciones de actividades de oficina por el uso de nuevas tecnologías de la información".[2]

Las infraestructuras de comunicación son imprescindibles; como lo demuestra la renovación y ampliación de la que han sido objeto numerosos aeropuertos, de Hong Kong a Buenos Aires, o de Bilbao a Dubai, y las nuevas redes de trenes de alta velocidad. La ampliación de un aeropuerto es el icono de la modernización, un emblema necesario, una puerta al nuevo paraíso urbano. Los aeropuertos son nuevos centros a escala planetaria que se basa en dos características contrapuestas: son no lugares donde se despliegan una serie de códigos de fácil comprensión, generalmente iconográficos y de marcas; y, a la vez, como contrapunto esquizofrénico, intentan, cada vez con mayor frecuencia, representar la ciudad a la que pertenecen, mostrar hechos diferenciales, lo local.

"Con 'no lugar' designamos dos realidades complementarias pero distintas: los espacios constituidos con relación a ciertos fines (transporte, ocio, comercio), y la relación que los individuos mantienen con esos espacios [...], los 'no lugares' mediatizan un todo, un conjunto de relaciones consigo mismo y con los otros, que no apuntan sino indirectamente a sus fines: como los lugares antropológicos crean lo social orgánico, los no lugares crean la contractualidad solitaria".[3]

Los aeropuertos como puertas de entrada a la ciudad nos reciben con los anuncios del paraíso urbano prometido: conexiones a Internet, buena comida, paseos, compras y mujeres. El presupuesto machista —el ejecutivo o viajero será indefectiblemente de sexo masculino— se anuncia, por ejemplo, con oferta de palacios y chicas en el aeropuerto de Viena: lo local se reduce a producto de consumo.

A las infraestructuras se les supone la capacidad de mejorar *per se* las posibilidades de la sociedad donde se insertan. Podríamos mirarlo de otro modo y encontraríamos que, generalmente, se las sobredimensiona, convirtiendo la inversión pública local en un subsidio encubierto para los agentes globales, que obtienen los mayo-

[2] Castells, Manuel, *La ciudad informacional. Tecnologías de la información, reestructuración económica y el proceso urbano regional*, Alianza Editorial, Madrid, 1995.

[3] Augé, Marc, *Los "no lugares". Espacio del anonimato. Una antropología de la sobremodernidad*, Gedisa, Barcelona, 1994[3].

The Two Most Tempting Prizes On Earth, At Dubai Duty Free.

Win $1,000,000!

This is your chance to become the Millennium Millionaire. Tickets priced at Dhs.1000 (USD 278) are limited to only 5000 bona fide travellers. Where else will you find such an incredible chance of winning $1,000,000?

Win a luxury car!

For Dhs.500 (USD 139) you can now win a luxury car. In a draw that's limited to just 1000 bona fide travellers. What's more, the car will be shipped to the winner's address free of charge!

Buy tickets on line from www.dubaidutyfree.com

For The World's Finest. **Fly-Buy-Dubai**

Customer Service Tel: (+9714) 206 2453 (24 hours), www.ddf-uae.com

WIN $1,000,000...
DUBAI DUTY FREE
MILLENNIUM
MILLIONAIRE
Be an Instant Millionaire

Win a Luxury Car
Dubai Duty Free's
Finest Surprise

res beneficios de estas actuaciones. Para los productores locales es muy difícil acceder a estos beneficios de la velocidad y la comunicación.

■ La importancia del lugar

Los edificios emblemas urbanos ya no son aquellos que representaban la modernidad —espacios para la educación, la justicia, la sanidad, el deporte y la representación democrática del pueblo soberano; en definitiva: la representación de los ideales de la sociedad moderna por la igualdad, la justicia y la fraternidad—, sino que han pasado a ser las representaciones del comercio global.

La construcción de la imagen emblemática de la ciudad corporativa se basa en acciones o intereses individuales, pero deben mostrarse como colectivos, crear consenso y servir de referencia. Para lograr estos objetivos se crea o se utiliza un imaginario colectivo manipulado. La ciudad diversa es una de las premisas, aunque no sea más que una diversidad escenográfica. Si los barrios cerrados son la escenificación de la Arcadia de una sociedad mitificada, de la igualdad en áreas de baja densidad, de imágenes bucólicas y tradicionales, tanto familiares como formales, la ciudad corporativa es la de la alta tecnología, de lo "moderno", de jóvenes apuestos y solos, con tiempo para reuniones con finales "abiertos", de lo imprevisto y la novedad.

La ciudad emblemática pretende ser una ciudad densa y compleja que propone una mezcla de usos y funciones, que servirán para fomentar los encuentros fortuitos. Nuevamente se recrea una falsa diversidad social que ha quedado anulada en coexistencia y en visibilidad: unos trabajan en el escaparate del futuro y otros se encargan de arreglar el escenario en horarios que no coinciden con los de los primeros. La ciudad de 24 h es uno de los lemas de la modernidad del siglo XXI; las tecnologías de la información y la comunicación permiten la libertad horaria y de usos, aunque el logro momentáneo es una división social de las horas del día. Como bien muestra la película *Pan y rosas* (Ken Loach, 2000), aquellos que limpian de madrugada los edificios emblemáticos del centro de Los Ángeles no pueden ni tan siquiera acercarse al supuesto espacio público que rodea dichos edificios fuera de su horario laboral.

Si bien las áreas urbanas de torres que conforman las áreas financieras —*cities* o *downtowns*— no son una característica exclusiva de este período de economía globalizada, sí lo es la aparición de áreas emblemáticas —no suburbiales— de la ciudad, que se conforman con una forzada variación funcional y con una profusión de arquitecturas realizadas por arquitectos de prestigio. Estas áreas necesitan servicios de variadas funciones: restaurantes, hoteles, centros de convenciones, viviendas de alquiler de alto estatus, discotecas y universidades privadas, que, al igual que en los anteriores elementos de la ciudad global, se basan en la segregación social y económica.

Los nuevos espacios para negocios pretenden crear un tejido no homogéneo, y el planteamiento de nuevas áreas urbanas de la década de 1990 propone una mezcla de usos, espacios y funciones heterogéneas. Una heterogeneidad que se dirige de un modo excluyente a una determinada franja de la sociedad, que conforma una faceta más de la homogeneidad social extrema. Tampoco la forma urbana que adoptan los nuevos centros neurálgicos corresponde a una organización de torres aisladas dedicadas a los negocios, como ocurrió con el formato que se difundió en la consolidación de los centros financieros emblemáticos hasta la década de 1980. Si bien los edificios deben caracterizarse por las tecnologías más avanzadas en la construcción —resumidas en el uso del muro cortina—, hay una intención de diversidad formal en los edificios, basado simplemente en el impacto de la diferencia y la novedad epitelial. La necesaria revitalización de las áreas financieras viene acompañada de una búsqueda de valores inherentes a la ciudad —calles, plazas y galerías—, aunque sean simples decorados. El espacio público se convierte en la coartada que, junto a la validación patrimonial e histórica del proyecto, lo harán indiscutible.

En este sentido, uno de los ejemplos emblemáticos ha sido el proyecto de Battery Park City en Nueva York, resultado de diversas circunstancias como la necesidad de ampliar Wall Street como área de negocios, comercio y residencias de renta alta, coincide con la desaparición de políticas públicas que velaban por una cierta redistribución social que quedaba reflejada en la construcción urbana. Battery Park City se convirtió en la imagen de la ciudad deseada.

"En las décadas de 1950 y 1960, los programas diseñados para ayudar a los pobres, fueron desmantelados y sustituidos por políticas urbanas que se dirigieron de manera creciente al mercado, transfiriendo recursos a sectores privilegiados y privados [...]. Así, esta nueva área de la ciudad se conforma como un *collage* de los lugares más emblemáticos de la urbe, una escenografía dispuesta para la nueva clase dirigente de la sociedad en red. Convertir el nuevo espacio en emblema, en un referente urbano, es tarea de la publicidad que, con campañas de gran envergadura, logra comunicar un nuevo orgullo cívico seleccionando la herencia que, supuestamente, ha conformado la identidad colectiva de la ciudad".[4]

[4] Boyer, Marie Christine, *The City of Collective Memory. Its Historical Imagery and Architectural Entertainments*, The MIT Press, Cambridge (Mass.), 1994.

La capacidad de la ubicuidad favorecida por las tecnologías de la comunicación y la información, otorgan aún más importancia a la ubicación real de las empresas. La elección del lugar se relacionará tanto con elementos de infraestructura como con los de calidad urbana. La calidad urbana es un elemento difícil de medir, pero el traslado de personal de empresas de una ciudad a otra, o la elección de la ciudad idónea para la implantación de nuevas oficinas representativas, se hace buscando aquellas ciudades que ofrezcan más cantidad de elementos imprescindibles para el personal cualificado de dichas empresas: espacios públicos agradables y seguros, exentos de contaminación, tiendas de marcas globalizadas, buenas conexiones virtuales y reales, una calidad arquitectónica medida en función de la capacidad de aparición en los medios de determinados elementos, buenos servicios públicos privatizados, posibilidad de vivir aislados y sin interferencias respecto a la ciudad…

"Los productos no son las únicas cosas que se desmaterializan en el nuevo mundo ingrávido del comercio electrónico. También se reduce la propiedad inmobiliaria […]. En las oficinas van desapareciendo los espacios privados […]. Muchas empresas han diseñado el nuevo espacio de sus oficinas para fomentar el trabajo en red dentro de la empresa […], despachos abiertos, a veces denominados 'puertos' […]. Desarrollo reticular de espacios abiertos que probablemente producirá un incremento de la productividad del 20 al 30 % […]. A los trabajadores se les dota de teléfonos móviles y ordenadores portátiles y se les anima a usar el tiempo de manera más eficiente trabajando en casa o en las oficinas de sus clientes […]. Introduciendo un sistema de funcionamiento […] que utilizan oficinas compartidas mediante este sistema de hostelería".[5]

La pérdida de la intimidad, escondida tras la aparente libertad que son capaces de otorgar las TIC y que terminan favoreciendo una transformación del tiempo personal en tiempo controlado, ya sea dedicado al trabajo o al consumo dirigido.

Los edificios y sus arquitectos son la garantía de la visualización mediática de la empresa y de la ciudad. La reducción de la superficie de las grandes empresas se contrarresta o compensa con la calidad de la imagen del edificio.

Los arquitectos elegidos para los proyectos emblemáticos —arquitectos en tránsito constante de un punto a otro del planeta— definen su actuación mediante una imagen de firma y por su capacidad de ubicuidad. Su acción se limita a la "idea de marca", a un sello, desarrollado por alguna de sus múltiples factorías. Se puede establecer una comparación entre este método de producción de arquitectura con el

[5] Rifkin, Jeremy, *La era del acceso. La revolución de la nueva economía*, Paidós, Barcelona, 2000.

de una gran fábrica posfordista de bienes de consumo y de moda, donde la diversidad y la diferencia no son más que una apariencia enmascarada que se apoya en la capacidad de distribución planetaria. El espacio del consumo, que antes ocupaba lo local con sus particularidades y sus diferencias, se suplanta ahora por esta diferencia prediseñada "de fábrica"; una lógica que sirve tanto para la sede central de una empresa como para un museo, un aeropuerto o un intercambiador de transporte rodeado de equipamiento de servicios que servirán de iconos para la atracción del capital global.

■ Arquitectura y reivindicación simbólica

La definición de estas áreas emblemáticas se apoyará en la pugna por la supremacía de una ciudad sobre las otras; la arquitectura como representación juega un papel primordial. La arquitectura representativa que sea capaz de atraer inversiones debe ofrecer confianza y una imagen de ciudad pujante.

Se forman zoológicos de iconos arquitectónicos de probada fuerza mediática que servirán de imagen pública para la ciudad, ayudando a su posicionamiento en las redes de ciudades de servicios y turismo.

La elección del arquitecto de estos nuevos emblemas es significativa. Desde el momento en que se decide la construcción de un nuevo edificio, complejo o modificación de la ciudad, cada paso se convierte en un espectáculo que empieza por la decisión del lugar hasta la elección de los posibles arquitectos y el desarrollo del proyecto. El futuro edificio es real tanto en la virtualidad de los medios de comunicación especializados como en los de comunicación de masas. Se consume la arquitectura antes que exista el edificio matérico.

"En el universo cambiante de las tendencias estéticas [...], los ciclos de vigencia se acortan con la misma rapidez que se eleva el umbral de la novedad [...]. La arquitectura finge producir el mundo que la consume".[6]

El acortamiento de los períodos de vigencia de una determinada estética está invariablemente supeditado a su ingreso en el complejo sistema de la novedad, de la noticia de última hora; nada que no sea extraño como novedad será reseñado por los grandes medios de comunicación. Se trata de un doble juego extremadamente peligroso; aquello que aparentemente hace que a una arquitectura y una ciudad

[6] Fernández-Galiano, Luis, "Obras de consumo", en *Arquitectura Viva*, 74, septiembre-octubre de 2000.

existan —su difusión y su reconocimiento— es lo que también puede hacer que sucumba o desaparezca como un fuego de artificio.

La búsqueda del icono o emblema no es un hecho exclusivo de la iniciativa privada. Los museos son el caso más emblemático del cambio de política respecto a la ciudad. Un equipamiento urbano ya no se piensa para ser usado por la ciudad, sino como un elemento diferencial en las tablas de la calificación empresarial urbana y en el potencial turístico de la ciudad. Para la existencia de un museo, sea público o privado, se necesita la fuerza mediática que los convierta en focos de peregrinación. Poco importa qué se expondrá y cómo, pues el envoltorio vacío parece suficiente en la lógica de usar-y-tirar. Para que la cultura sea rentable como un parque temático debe atraer a las masas por su grandilocuencia, como si se tratara de las catedrales del nuevo milenio. Las ciudades-museos que hacen su aparición en la

escena urbana como verdaderas fortalezas —el Getty Museum en Los Ángeles de Richard Meier, o la Ciudad de las Artes y las Ciencias en Valencia de Santiago Calatrava—, son otro elemento segregado y potenciador de la especulación urbana en su entorno inmediato.

En los últimos años se han propagado los grandes edificios emblemáticos, construidos por arquitectos de prestigio, que no limitan su actuación a una ciudad o un país, sino que proyectan para todo el mundo, con la única singularidad del propio bagaje de imágenes acuñadas por el arquitecto y, por tanto, reconocibles. A diferencia de los centros de ocio y consumo, donde la imagen está más estereotipada y tipificada y la firma es importante como marca de empresa y no como obra de arquitecto con prestigio "crítico", pues se siguen pautas de manual, que

Ciudad de las Artes y las Ciencias, Valencia, utilizada como escenario para publicidad.

dependen más de la eficacia del *marketing* y de la capacidad de sorprender y entretener dentro de códigos reconocidos de estrategias ya probadas, más que de constituir una verdadera propuesta arquitectónica. Los emblemas urbanos necesitan del nombre del arquitecto reconocido mediáticamente, pues se constituyen en noticias culturales por medio de su nombre, otorgando otro tipo de impacto social a la noticia y avalando la operación. Por ello, parte de la efectividad de la inversión y de la convalidación del proyecto reside en la elección del arquitecto. La elección de un arquitecto de reconocido prestigio (y extranjero) aumenta la atracción de los media por el nuevo proyecto, edificio o inversión.

"La transformación de las empresas con la intromisión masiva de los medios de comunicación de masas ha producido el advenimiento de la ciudad de consumo, de la ciudad electrónica y telemática, etc. [...], y con ello se cumple, definitivamente, la desaparición de sus funciones tradicionales".[7]

Por ello, la ciudad pasa a ser emblema, pero no de sí misma o del poder político y público, sino de las empresas que la moldean: desde la silueta de la ciudad hasta el cambio de normativas de usos y superficies según conveniencia del inversor y promotor privado. La primacía de lo privado sobre lo público tergiversa y pervierte las relaciones sociales del uso del espacio urbano.

La arquitectura propuesta como emblema se convierte en un icono y, por tanto, en objeto; se banaliza también como complejidad constructiva y funcional expresada en la casi ineludible elección de los muros cortina.

"Transformar el edificio en objeto es banalizar la esencia misma del concepto de construcción. Desaparecida la construcción, también desaparece la arquitectura y, de más está decirlo, puede desaparecer también el arquitecto".[8]

La incapacidad de relacionarse con el lugar y de enraizar con lógicas de entretejido urbano convierte a estos centros en una sumatoria de objetos que, independientemente de su posible calidad arquitectónica aislada, generan un área urbana de fácil degradación, al imposibilitar su apropiación cotidiana y doméstica. Sin esta apropiación no hay ciudad, sino mera escenografía vacua.

[7] Barcellona, Pietro, *Postmodernidad y comunidad. El regreso de la vinculación social* [1990], Trotta, Madrid, 1996².

[8] Díez, Fernando, "Oficinas en enclave: la identidad en la piel", en *Summa+*, 23, febrero-marzo de 1997.

■ Recentralizar Buenos Aires

Simultáneamente al abandono urbano y al discurso de la ciudad muerta y peligrosa, a finales de la década de 1980 comienza un proceso de revalorización y recuperación de algunas áreas centrales degradadas y con potencial simbólico de la ciudad. El proyecto puntero, la imagen del espejismo de un país que ha llegado al Primer Mundo según el discurso difundido por el Gobierno, será la recuperación del antiguo Puerto Madero. Construido entre 1889 y 1897, quedó obsoleto en 1910 y, finalmente, cayó en desuso cuando se inauguró Puerto Nuevo en 1926.

Puerto Madero, considerado como un vacío construido de 170 ha, posee un gran valor simbólico, tanto por su arquitectura como por su ubicación: la arquitectura inglesa y el río son elementos de marcada significación simbólica en la ciudad. El Consejo Deliberante de la Ciudad de Buenos Aires aprobó en 1991 una norma de protección patrimonial que dictaba las pautas para la preservación del ámbito de los 16 edificios de la zona, protegiendo el conjunto de las dársenas, los depósitos y su entorno. Esta necesaria defensa del patrimonio histórico actúa como acicate emblemático y confiere el sello de memoria auténtica al lugar.

Con la recuperación del antiguo puerto, Buenos Aires consigue aunar diferentes tipos de intereses —mercantil y simbólico— de la ampliación de la ciudad terciaria sobre el espejo de agua del río de la Plata —como ya había propuesto Le Corbusier en 1936— y la reivindicación ciudadana de "dejar de dar la espalda al río", recuperándolo como espacio público. Dicha recuperación, que tuvo especial resonancia tras los oscuros años de la dictadura militar y el estado de sitio, incluía espacios públicos que eran tierras de nadie y lugares prohibidos. Desgraciadamente, el resultado final es un proceso de gentrificación.

A comienzos de la década de 1980, la recuperación de la democracia hizo crecer una serie de expectativas sobre la capacidad de cambio del proyecto urbano, floreciendo concursos y debates sobre los desafíos y las áreas potenciales de desarrollo de la ciudad, que quedó reflejado en el concurso de 20 Ideas Para la Ciudad de Buenos Aires, que tuvo una participación masiva y generó un amplio debate. El concurso señalaba áreas de posible desarrollo urbano futuro. De sus propuestas arrancaron los inicios de la recuperación emblemática y discutible de Puerto Madero, donde se aplicaron estrategias utilizadas en otras realidades, sin haberlos puesto en crisis o en duda.

Con la operación de Puerto Madero, Buenos Aires ha demostrado que sigue siendo una ciudad dispuesta a servir como probeta de ensayos de urbanismo, con más empuje que crítica. La situación de Buenos Aires como lugar de oportunidades y espejismo de las ciudades del norte no ha cambiado. Prueba de ello es este modelo de búsqueda de un espacio de sobrecentralidad que responda a las necesidades y presiones de las empresas: "La plaza se perfilaba como espectacular buque insignia de la operación Berlín-2000 y no se trataba de ensoñaciones de políticos megalómanos o de nostálgicos ultrametropolitanos de la ciudad, puesto que el capital privado era el primer interesado en contar con un 'espacio de sobrecentralidad' ".[9]

Las empresas públicas recientemente privatizadas necesitaban una nueva escenificación, construir los nuevos emblemas de una sociedad moderna liberada del paternalismo y de la ineficacia del Estado. No en vano, las primeras dos torres erigidas en Puerto Madero pertenecen a sendas compañías telefónicas —Telecom y Telefónica— que se dividieron el monopolio de la antigua empresa estatal.

La ciudad se piensa desde las corporaciones. La ejecución de una escenografía urbana de espacios públicos es la propuesta del urbanismo de empresas que necesita lo simbólico para entroncarse superficialmente con la realidad local.

[9] García Vázquez, Carlos, *Berlín–Potsdamer Platz. Metrópoli y arquitectura en transición*, Fundación Caja de Arquitectos, Barcelona, 2000.

Tal como explica Marie Christine Boyer en el caso de Nueva York, la operación final concretada para el frente fluvial de la emblemática Battery Park City ha resultado ser "un proceso de colonización que se ha apropiado de la imagen y de la representación de la ciudad para intereses privados".[10]

Como generalmente sucede en este tipo de casos, la operación viene preconizada por un proceso más largo que se hace visible en un determinado momento. El proceso de apropiación de los símbolos colectivos vino apoyado en Buenos Aires, y en todo el país, por las dictaduras militares, especialmente la de 1976-1983. Los símbolos nacionales, aquellos elementos distintivos —bandera, himno y fiestas relacionadas con la independencia— que, por su historia, amalgaman una sociedad de orígenes diversos, fueron patrimonializados por la dictadura generando una gran ambigüedad en el sentimiento de pertenencia. La ciudad no permaneció ajena a esta apropiación: la desaparición de áreas de tejido urbano para el trazado de las futuras autopistas —algunas nunca construidas— produjeron cicatrices incurables; la desaparición de la industria y la obsolescencia de los servicios públicos con el consiguiente deterioro social y económico; y la eliminación sistemática, mediante el uso de la fuerza, de las áreas de viviendas marginales. Estas políticas urbanas reflejaban un problema de mayor envergadura que asolaba el país y dejaban una ciudad con grandes claros de amnesia y de ausencias, facilitando así la recuperación de una memoria imaginaria y escenográfica.

El 13 de junio de 1977, una ordenanza municipal del intendente de la ciudad de Buenos Aires, brigadier Osvaldo Cacciatore, sancionó que la Comisión Municipal de la Vivienda quedaba a cargo del Plan Integral de Erradicación, es decir, pretendía eliminar y hacer desaparecer las villas-miseria de la ciudad. Tres años más tarde, el titular de dicho organismo sintetizó el espíritu de su trabajo: "vivir en Buenos Aires no es para cualquiera, sino para quien lo merezca".

Partiendo de este escenario de abandono y de cicatrices provocado, se inició un proceso de recuperación bajo el emblema de la revitalización tardocapitalista de la ciudad, basada en el interés de unos pocos. La ciudad saludable, limpia, feliz y superflua, que interesa a la economía global, la ciudad espejismo, igual a sí misma y que se reproduce como setas en áreas de muchas ciudades del planeta y cuya implantación sólo es posible si se han implantado habiendo borrado previamente las huellas de la historia. Las calles o conexiones entre estas nuevas áreas urbanas se viven sólo desde el automóvil como microentorno seguro. La ciudad se convierte simplemente en escenografía y fondo de la cotidianeidad aislada que se mira a través del parabrisas.

[10] Boyer, Marie Christine, *op. cit.*

Edificio Telecom.

Derecha
Edificio clónico y amarre de barcos
de recreo.

Como en otras ciudades del mundo, revertir la decadencia de las infraestructuras portuarias se convierte en un desafío urbano: se subliman las zonas acuáticas como paraíso urbano en contacto con la naturaleza.

Para la creación de estos espacios segregados se incorporan en el discurso dos conceptos fundamentales y convertidos en banales: la necesidad de la conservación y recuperación histórica y la recuperación del contacto de la ciudad con la naturaleza. La historia y la ecología en tanto que elementos de *marketing*, de diferenciación y de valorización mercantil. Si la historia y la memoria se utilizan de un modo selectivo y edulcorado, y se omiten de un modo interesado algunas de sus partes, la ecología se sintetiza en un elemento vegetal; no se habla de desafíos reales, como la contaminación generada por los automóviles personales, sino que, al contrario, el coche pasa a ser el protagonista de la ciudad.

El proyecto urbano base fue realizado por un equipo que aglutinaba las tres propuestas que ganaron un concurso nacional; estaba formado por los arquitectos Juan Manuel Borthagaray, Cristián Carnicer, Pablo Doval, Enrique García Espil, Mariana Leidenman, Carlos Marré, Rómulo Pérez, Antonio Tufaro y Eugenio Xaus. El proyecto se basaba en la división del área en cuatro zonas de oeste a este: galpones, diques, una nueva franja edificable y el mantenimiento y ampliación de la franja verde ribereña. Se proponía la reutilización y conservación variable de los antiguos almacenes según su estado de deterioro. El proyecto enfatiza las calles de conexión con la ciudad con edificios altos, a modo de pórticos, en las esquinas del extremo más cercano al río. En el proyecto se planteaba una ocupación moderada del suelo, cuya propiedad estuviera muy repartida o fragmentada, especialmente en el borde este de los diques. La propuesta partía de la idea de ocupación progresiva por parte de pequeños inversores o profesionales y artesanos liberales que fueran colonizando los frentes de agua. Las emblemáticas torres-faro aglutinarían la oferta de superficies de oficinas. El resultado muestra una inversión de los usos propuestos ya que en las torres se han construido viviendas y los bordes de los diques se han colonizado mayoritariamente con usos terciarios. Además, la propiedad se ha aglutinado en muy pocas manos, generando un espacio sin rugosidades ni diferencias.

"Nosotros imaginamos que sobre el borde del agua se formaría una comunidad de profesionales y artistas que compartirían espacio de trabajo con vivienda, otorgándole a la recuperación un carácter muy diferente del logrado [...], jamás imaginamos que una única empresa asumiera la reforma de un edificio y menos la reforma o construcción de dos o más edificios. Se genera un espacio lleno de clones, y éstos nunca resultan buenos".[11]

La recuperación de Puerto Madero se ha llevado a cabo por fases. La primera etapa de reconversión inició simultáneamente el desarrollo del plan de urbanización del margen este de los diques, con fondos obtenidos con las primeras ventas, y la refuncionalización de los antiguos depósitos del puerto al oeste de los diques. La reconversión de los diques ha partido, principalmente, de elaborar una oferta dirigida a un público de clase media alta y alta: viviendas, oficinas, restaurantes y universidades privadas. Es una recuperación que segrega la ciudad y de la que sólo unos pocos pueden disfrutar plenamente.

El proceso de recuperación de los depósitos se inició en el dique 4, situado al norte del área, en la zona de más fácil vinculación con la ciudad. Los depósitos repiten un esquema funcional similar respecto a los accesos y los usos, volcando la mayor parte de las actividades al espacio público interior y dejando a la calle de la ciudad los accesos menores y los servicios de apoyo. Este modo de intervención refuerza la situación de burbuja urbana cuya relación con el entorno es difícil.

Una vez iniciada la recuperación de los antiguos depósitos, el proceso de formalización del nuevo perfil urbano de los diques continuó con la construcción de edificios de nueva planta. Los extremos de los diques significaban dos oportunidades

[11] Borthagaray, Juan Manuel, entrevista inédita realizada por Zaida Muxí, Buenos Aires, 5 de octubre de 2001.

con fuerte significación debido a su singular localización, que marcaba los límites norte y sur del puerto. En el extremo norte se ubicó la torre Telecom, el primer edificio en altura de la zona con un valor singular que, según los arquitectos asociados, "en cuanto a lo corporativo, es la primera torre emblemática de última generación concebida, desde la primera intención programática de la empresa, como un edificio y sitio a medida de sus necesidades. En cuanto a lo tecnológico, la decisión de su construcción con estructura metálica, despiezada en el exterior y ensamblada en obra".[12]

Con una dependencia tecnológica y proyectual en los edificios emblemáticos, los arquitectos locales se ven desplazados en la fabricación de los nuevos símbolos urbanos. En el caso de la torre Telecom, la propuesta se eligió tras un concurso llave en mano que incluía proyecto, coste y solar. Una vez decidido el cliente, se constituye el equipo que realizó el proyecto y construcción: un equipo internacional que llevará a cabo el proyecto arquitectónico global (KPF-Kohn Pedersen Fox) y el despacho de los arquitectos Hampton-Rivoira y Asociados como *alter ego* local o, en sus propias palabras, como "orientadores de contexto y adecuación local, seguimiento de obra del proyecto y responsables directos del interior de las oficinas".[13]

El edificio-torre se desmarca de la geografía y del perfil del dique como elemento singular y representativo. El acceso queda oculto desde la calle por el basamento de hormigón hacia la calle Córdoba, como límite noroeste del solar, configurado por una pantalla ciega que niega la relación con la ciudad. La planta baja se abre hacia el espacio público exclusivista de Puerto Madero y refuerza la idea de límite entre la ciudad y el "nuevo barrio". El límite ya está constituido por el espacio, aún sin resolver, que contendrá la autopista, un corte que refuerza cada proyecto construido hasta ahora y que consolidará la situación de enclave protegido. Tal como explica Richard Sennett en una introducción sobre Beirut, "las autopistas pueden convertirse en las murallas interiores de una ciudad, estratégicamente situadas, el flujo del movimiento rápido puede aislar comunidades conflictivas de manera más eficiente que lo haría una patrulla de policía".[14]

A su escala, la reconversión de Puerto Madero cuenta con la presencia de arquitectos estrellas del panorama internacional , una garantía de presencia mediática. Al inicio del dique 4 se ha construido el Museo para la Colección de Arte Fortabat, proyectado por Rafael Viñoly, que propone un espacio intermedio, una plaza cubierta que atraviesa el edificio. Este espacio puede convertirse en un verdadero espacio público, un espacio de confluencia e intercambio lleno de vitalidad si se uti-

[12] Hampton; Rivoira, "La primera torre", en *Summa+*, 32, agosto-septiembre de 1998.
[13] *Ibid.*
[14] Sennett, Richard, introducción al libro: Khalaf, Samir; Khoury, Philip S. (eds.), *Recovering Beirut. Urban Design and Post-war Reconstruction*, Brill, Nueva York/Leiden, 1993.

liza como ha pensado el arquitecto, lo cual dependerá de la gestión del espacio público por parte de la entidad privada.

La presencia de un hotel internacional era necesaria para completar de Puerto Madero, y en el dique 3 se ha construido un hotel Hilton de cinco estrellas, junto a un complejo previsto por la cadena hotelera, que incluirá un centro de convenciones y oficinas. Frente al Hilton se ha construido el emblema obvio y previsible de toda ciudad reconquistada y rediseñada del fin del milenio: una pasarela peatonal inaugurada a finales de octubre de 2001.

"El gestor del emprendimiento —Hilton Buenos Aires Residences— subraya las obras más destacables del entorno […]; también estamos construyendo un puente peatonal, rotatorio y de paso libre entre las márgenes este y oeste del dique 3, que va a ser la estrella de la ciudad de Buenos Aires. Está diseñado por el ingeniero y arquitecto Santiago Calatrava. Es su primer puente en América Latina. Esta singular pieza de ingeniería se ha declarado de Interés Turístico Nacional".[15]

No es el uso, la historia, la tradición ni la cultura lo que determina la importancia de una obra cultural, sino la capacidad del *marketing* que nos convence de que algo es importante, primordial e imprescindible para poder ser considerado de interés nacional.

[15] AA VV, *1989-1999. Corporación Antiguo Puerto Madero, S A. Un modelo de gestión urbana*, Ediciones Larivière, Buenos Aires, 1999.

Todo este proceso de recuperación y de reinserción del espacio ocupado por el antiguo Puerto Madero en el imaginario urbano de los habitantes de Buenos Aires

estuvo jalonado por una serie de eventos festivos y "lujosos" que colocaron Puerto Madero en el "mapa" de parte de la sociedad local. La banalidad y artificialidad de la festivalización urbana conduce a la necesidad de la invención permanente de fiestas simuladas que teatralicen la experiencia sinérgica de la ciudad.

"Desde un principio, la Corporación acompaña a los inversores con una serie de actividades tendientes a promocionar el área […] y en noviembre 1991 se inaugura la Nueva Bienal de Arte Joven, que convoca a cientos de miles de personas. Al año siguiente, se monta una feria internacional sobre 30 ha del antiguo puerto, llamada América'92 […] que de octubre a diciembre recibe a más de un millón de visitantes […]. Casa FOA'93 […] recibe 120.000 personas […]; los efectos son inmediatos […].'A partir de casa FOA, hubo una puja entre los que descubrieron que esto estaba a dos cuadras de la calle 25 de Mayo, de la bolsa de comercio, y todo el dique 4 se vendió en seis meses'".[16]

La inversión de los fondos públicos obtenidos a partir de las ventas de las propiedades del antiguo puerto redundó en beneficio de los inversores, que mejoraban su rendimiento económico cada vez que la ciudad y el país, a través de la corporación, invertía en la propaganda y difusión de la nueva urbanización. La cantidad de visitantes que respondían a las propuestas e invitaciones confirman el público al que estaba dirigida la operación: el 10 %, o menos, de la población del área metropolitana de Buenos Aires.

Algunos de los acontecimientos que se celebraron para promocionar Puerto Madero se retiraron de los espacios públicos de la ciudad, vaciándolos de interés y limitando sus posibilidades, tal como ocurrió con la Bienal de Arte Joven, realizada por primera vez en 1989. Como en toda la arquitectura huella de la globalización, la capacidad sinérgica de estos espacios urbanos es nula; sólo saben fagocitar la energía del entorno y la cultura preexistente. Si el desarrollo industrial de la era de la máquina se realizó a base de esquilmar la naturaleza y poner en peligro el equilibrio ecológico natural, la era de la revolución de las TIC ponen en peligro las diferencias y las particularidades y devora la cultura urbana.

Puerto Madero, orgullosamente mostrado como un nuevo barrio porteño, no cuenta con ningún equipamiento cultural, sanitario, institucional ni educativo, a excepción de una iglesia. La ilusión del barrio se desvanece fácilmente si comparamos la complejidad de la ciudad real con este espacio que selecciona las funciones que le resultan rentables para formar su escenografía urbana.

[16] Ibid.

Vías de ferrocarril y avenidas
fronterizas entre la ciudad y el
puerto.

Página anterior
El espacio público abandonado
de la ciudad real marca el límite de
área de Puerto Madero.

Puerto Madero fue proyectado sobre una trama de espacios públicos que deben enlazar la nueva zona a la ciudad y permitir el uso continuado y diverso del barrio. Pero no es suficiente realizar un paseo de diseño cuidado para lograr un espacio público integrado a la ciudad; las conexiones con el entorno se niegan o sencillamente se dificultan haciendo que la sutura entre márgenes sea muy difícil, sino imposible. En 2001, la realidad muestra claramente los límites entre el espacio público de Puerto Madero y el de la ciudad; la crisis campa por doquier en la ciudad, especialmente en terrenos que no disponen de jurisprudencia clara frente al preciosismo del espacio público que pertenece al puerto. Esta diferenciación desmiente la consideración del área como un nuevo barrio, ya que entre barrios de la ciudad no debería existir una línea clara de límite o frontera como existe aquí.

Como ya quedaba explicitado en la memoria del proyecto para Puerto Madero, para configurar el espacio público en los márgenes de los diques se utiliza material proveniente del antiguo puerto, como los adoquines recolocados según un despiece rediseñado combinado con nuevos materiales para enfatizar diferentes áreas en los recorridos; o como las grúas en desuso como parte de la "ornamentación" urbana,[17] grandes dinosaurios que puntúan y dan escala al recorrido.

[17] Larivière, Felisa, *Puerto Madero*, Corporación Antiguo Puerto Madero/Ediciones Larivière, Buenos Aires, 1999.

Otro de los elementos portuarios reutilizados son los norays de amarre de los buques, pero en este caso con una concepción ejemplar. El proyecto de todo el mobiliario urbano del espacio público ha sido realizado por el estudio de Diana Cabeza, que partiendo de estas piezas de hierro, diseñaron unos bancos semicirculares. En este caso, no consiste en una rememoración, sino en el diseño de un elemento totalmente nuevo, acorde a estéticas de vanguardia y no de falsa memoria. Todo el diseño del espacio público del área, descontando los parques, ha sido realizado por los arquitectos de Buenos Aires, Hampton-Rivoira y Asociados.

Las calles de la ciudad que se conectan a través de los puentes con el área Este se transforman en los grandes bulevares de acceso a la zona nueva. A diferencia del frente Oeste, el frente este no mantiene una misma alineación, sino que se forman espacios a modo de plazas que dan acceso a diferentes edificios. El límite Este del área edificada hacia el río se desdibuja, el sistema de parques penetra de modo seudoorganicista sobre la rígida trama ortogonal de lo construido, diferenciándose, a su vez, del parque lineal recuperado de la Costanera Sur. La urbanización de los espacios públicos como parques y bulevares han sido realizados por la Corporación Antiguo Puerto Madero y se han financiado con la venta de los terrenos.

En todo el proyecto ha habido una intencionada búsqueda un tanto artificiosa de ser políticamente correcto. Este enmascaramiento políticamente correcto hace imposible una discusión de fondo sobre el área. A la utilización de los nombres femeninos en las calles hay que añadir la gran superficie y calidad de espacio público, así como la autofinanciación de la que hace gala la Corporación del Antiguo Puerto Madero. Estos argumentos convierten el proyecto en incuestionable, aun cuando la diversidad del área no sea más que pura escenografía y haga que resulte inevitable preguntarse acerca de otros grupos sociales, de la introducción de inversiones menores, de la autogestión de cooperativas de viviendas o viviendas para diferentes grupos sociales, además de la insuficiencia de equipamientos. El espacio público se utiliza como escudo ante cualquier cuestionamiento de los fines y estrategias que encubren esta recuperación. Se ha camuflado embelleciendo la memoria obrera de trabajadores e inmigrantes, para generar una empatía social con la zona que incite a pensar que diferentes grupos sociales pueden acudir y disfrutar de ese espacio democrático. En un espacio público monofuncional, espacio exclusivo de recreo puntual, no hay convivencia diaria ni multiplicidad de usos; es un espacio público que se comporta como no lugar, pues sólo puede acudirse a él en ocasiones especiales y con un programa previo, nunca de manera casual o cotidiana.

■ The gapped city

Puerto Madero se constituye en un espacio que reúne las características imprescindibles para ser el símbolo de la nueva ciudad de las corporaciones, porque alberga sus sedes centrales y se erige como modelo de lo que el urbanismo de "empresa" puede llegar a hacer. Su situación urbana central, al tiempo que aislada, autónoma y con difíciles relaciones con su entorno inmediato, lo convierten en una operación ideal para configurar una burbuja de bienestar.

Pensar la ciudad emblemática capaz de generar símbolos colectivos de autorreferencia y de integración es una tarea que ha pasado a manos de los gerentes de *marketing* de las corporaciones. Como ya se ha explicado anteriormente, los nuevos monumentos así generados constituyen las catedrales del consumo, los escaparates del modelo de vida de referencia, del mito perseguido y concretado a través del rito del consumo.

El urbanismo de empresas recoge el mensaje crítico que se efectuó al urbanismo funcionalista, a su planteamiento de torres aisladas en un mar de coches y de flujos viarios, por lo que reivindicará la calle y la plaza, la densidad y la variedad, en una relectura manipulada y cínica de la crítica, que convertirá los espacios recuperados en nombre de la ciudad y de lo urbano en un simulacro, en una escenografía que intentará reunir diferentes iconos, tanto de la ciudad histórica como de la moderna. En su estrategia, el espacio público se conforma como elemento de venta, un espacio cuyas principales características son el control, la segregación y los límites, convirtiéndolo definitivamente en otro simulacro. La variedad del espacio es escenográfica, ya que se fomenta la *gapped city*, la ciudad de abismos infranqueables, que asume como irremediable la fragmentación, la distancia entre los admitidos y los excluidos en una ciudad desgarrada.

Las privatizaciones de las empresas públicas han incidido fuertemente en los nuevos procesos de urbanización de Buenos Aires, proponiendo usos privados para los antiguos espacios dedicados a infraestructuras de titularidad pública. La obsolescencia y el cambio de los sistemas productivos y logísticos han generado vacíos en lugares estratégicos dentro de la ciudad. Como ya se ha señalado, los espacios vacíos de la franja central y lindera al río han sido objeto de diversos concursos de ideas desde inicios de la década de 1980, y podemos constatar que sus bases han ido cambiando de enfoque, desde un urbanismo integrador que se basa en el espacio público y en la intervención de la ciudad o el Estado como regulador, a concursos donde lo

que prima es la rentabilidad del negocio y donde los espacios públicos son excedentes sobre terrenos sobrantes. Este discurso se acepta bajo la razonable excusa
de que el Estado deficitario no puede invertir si antes no vende. La autofinanciación
del proyecto urbano, aun a costa de perder capacidad de decisión e intervención, es
la piedra de toque del urbanismo emblemático de la década de 1990.

"Se privatizaron todos los servicios del Estado municipal [...] y los propios sistemas de control de cumplimiento y la planificación de esos servicios, con lo que el
poder público se despojó de los instrumentos de aplicación de políticas [...]. Las
transformaciones que se produjeron en la ciudad y en la gestión de lo público
metropolitano [...] demostraron tener una mayor duración que la del propio
gobierno que la posibilitó y moldeó, ya que han seguido caracterizando la nueva
configuración urbana [...].

Una de las principales transformaciones que se llevaron a cabo fue la aplicación
de la política del fragmento urbano, que ya no se contempla bajo una concepción
urbanística renovadora desde la perspectiva del espacio público, sino como recurso para poner en el mercado aquellos sectores de la ciudad que suponen ventajas diferenciales para el desarrollo de negocios privados. La inauguración emblemática de esta política fue la recuperación del antiguo Puerto Madero [...], que
rápidamente se convirtió en la principal postal de la modernización de Buenos
Aires".[18]

Puerto Madero pretende ser la personificación de un Buenos Aires que unifique
pasado y presente, que enlace con la herencia de los ciudadanos, con orígenes que
se entrelazan con el recuerdo de la llegada a la ciudad por el río. Vincular las empresas allí instaladas con la memoria del habitante de la ciudad constituye un mecanismo de apropiación de los valores y la memoria colectiva para el beneficio de las
empresas.

"Yuxtaposición de imágenes dispares [...], supone la evocación de asociaciones ana-
lógicas que vinculen lo nuevo a lo viejo, el fragmento al todo, el pasado al presente".[19]
Puerto Madero, por su inmejorable situación —centralidad, conexiones, gran
extensión de terrenos vacantes y fuerza simbólica—, se transforma en la imagen
de una ciudad y, por tanto, de un país que quiere verse pujante. El discurso de la
década de 1990 fomentará la ilusión de un país que pertenece al Primer Mundo, y
Puerto Madero será el lugar para estar y ser visto en el mundo empresarial, en el
mundo de los triunfadores.

[18] Silvestri, Graciela; Gorelik, Adrián,
"Ciudad y cultura urbana,
1976-1999. El fin de la
expansión", en Romero, J. L.;
Romero L. A., *Buenos Aires.
Historia de cuatro siglos* (Tomo 2:
*Desde la ciudad burguesa hasta
la ciudad de masas*), Editorial
Altamira, Buenos Aires, 2000[3].

[19] Boyer, Marie Christine, *op. cit.*

Pasados más de trece años desde la creación de la corporación Puerto Madero, lo que era una reivindicación ciudadana —recuperar el río para la ciudad— sigue viéndose, como dice el tango, "de chiquilín te miraba de afuera, la ñata contra el vidrio". El río sigue siendo el vecino invisible de la ciudad. Y el centro no ha visto cómo mejora su situación por la presencia de tan fabuloso vecino. La *city* porteña continúa congestionada, con problemas de transporte, sigue siendo un área monofuncional con actividades diurnas que pasan a ser tierra de nadie en horario nocturno. La actuación de Puerto Madero no se ha realizado con una visión de ciudad total ni con una estrategia de *collage,* sino de fragmento.

El *collage* es la configuración de un nuevo todo, con nuevas relaciones y nuevas estrategias que dan un sentido diferente a las partes que lo componen respecto de su estado original. Contrariamente, el fragmento o la estrategia del fragmento observa la realidad con un *zoom* —cortando, aislando y resolviendo un retazo—, sin buscar conexiones, enlaces y suturas, siguiendo la lógica de parte por parte.

La ciudad real, la ciudad múltiple, necesita una densidad crítica mínima para funcionar sin respiración artificial, como sucede en las propuestas de vida de Puerto Madero y de los barrios cerrados, que esconden tras su diversidad escenográfica un exceso de homogenización y una baja densidad que dificulta la espontaneidad y no generan suficientes ocasiones de encuentros, actividades y sinergias.

Por tanto, ni en Puerto Madero ni en ninguna propuesta fundada en la imagen vacua, la artificialidad y segregación pueden constituir ciudad, y sólo constituirán escenografías para un guión preescrito. La simplificación de las propuestas urbanas a soluciones autistas de un área, ya sea con centros pretendidamente multifuncionales, como Puerto Madero, o con barrios cerrados suburbanos, es una reducción de la cuestión urbana a la formalización de calles y edificios, olvidando toda la complejidad de la realidad urbana. Formar parte de una ciudad, ser otro barrio de la misma, en ambos casos implica una serie de relaciones inexistentes o vedadas: desde la mezcla social y de usos reales, a la posibilidad del libre acceso en transporte público o a pie desde otras áreas urbanas, cuestiones que van más allá de cuatro intervenciones emblemáticas.

Por tanto, del mismo modo que un barrio cerrado no es un barrio, tampoco Puerto Madero es ciudad, aunque su disfraz sea mucho más eficiente y difícil de develar que la obviedad de los límites y controles de las comunidades autosegregadas.

Epílogo

Como aclaración a este epílogo, debo decir que no hay soluciones ni recetas categóricas. Si hubiera alguna conclusión genérica en este trabajo es que las soluciones, como las ciudades, son múltiples, variadas, y diferentes; la realidad es poliédrica, al igual que las ciudades. Una solución urbana debe abarcar diferentes aspectos simultáneamente y debe ser única e irrepetible en su definición.

■ Las huellas indelebles sobre la ciudad

La ciudad global está compuesta por fragmentos urbanos, huellas superpuestas a la realidad preexistente y, por tanto, no hay ciudades globales, sino sectores de ciudades y territorios que responden a lógicas de la economía global. Por su potencial económico, productivo y situación geográfica, ciertas ciudades tienen una mayor proporción de sectores globales.

Las áreas globales dentro de la ciudad son huellas sin relación con su entorno. Al constituirse como una pisada que aplasta lo que tiene debajo, marcan y delimitan un área urbana que, como resultado, se segrega. Estos espacios quedan rápidamente obsoletos, ya sea porque su vida útil está marcada por la moda, y como tal es efímera, o porque son modelos que se copian y se implantan sobre diferentes realidades, o porque son operaciones que están marcadas por las leyes de la rentabilidad financiera rápida. No siempre una prótesis es aceptada satisfactoriamente por el cuerpo que la recibe. La persistencia de estas huellas depende de su continua modificación y alimentación artificial, el reencantamiento constante del espacio y de la vida.[1]

Temporalmente, la ciudad global es la última etapa de un desarrollo urbano enmarcado en el proyecto de la modernidad. El proyecto moderno se entiende adscrito a una posición de la ciencia positivista que confía en el desarrollo de las capacidades evolutivas y productivas, siempre en positivo y en continua expansión, y a un pensamiento idealista en tanto que proyecto histórico y social, en la búsqueda de un ideal único y universal de vida; en este modelo, el hombre es un mecanismo imprescindible para la producción. En la globalización, etapa posindustrial o de la automatización de la producción, el ser humano que cuenta no es el productor, sino el consumidor, y quedan excluidos de manera generalizada quienes no tienen poder adquisitivo.

La ciudad tardomoderna de finales del siglo XX continúa, en cierta manera, con la división funcional del territorio que propusieron los CIAM, pero sin la concepción social de la ciudad, dividida ahora funcionalmente y manipulada de un modo inte-

[1] Ritzer, George, *El encanto del mundo desencantado. Revolución en los medios de consumo,* Ariel, Barcelona, 2000.

resado para beneficio de unos pocos. Como resultado, se genera una ciudad dividida, segregada social y funcionalmente, que exacerba su control y acelera su conversión en mercancía.

Si a la lógica que podríamos denominar puramente moderna, confiada en el desarrollo más equitativo de la sociedad y beneficiada por los avances científicos, le correspondía un papel importante a los Estados como reguladores del bienestar en la búsqueda de un cuerpo social sano y productivo, de manera opuesta, la lógica actual acepta el dominio de los intereses privados y se basa en las exclusiones.

Este proyecto de la modernidad consumidora que propugna el desarrollo productivo sin límites y la división territorial y social de funciones y usos, ha determinado una forma urbana que se caracteriza por la expansión sin límites sobre el territorio por medio de autopistas y medios individuales de movilidad. Este modelo de crecimiento ha provocado que en las últimas dos décadas del siglo XX muchas regiones urbanas hayan aumentado la superficie urbanizada sin que su población haya crecido en la misma proporción o, incluso, haya disminuido. La difusión urbana en áreas no densas genera gastos de mantenimiento, servicios y energía insostenibles.

La aparición de las TIC y las facilidades para acceder a mayor cantidad de bienes de consumo en el último cuarto de siglo han favorecido la máxima explotación de la separación funcional y la difusión urbana. La inclusión o exclusión viene marcada por las posibilidades de acceso a la red, infraestructuras imprescindibles que no son de dominio público, sino privadas y que, en la búsqueda del mayor beneficio, dejan amplias zonas de agujeros negros al margen de la conexión. Una nueva centralidad invisible dominada por los POPs:

"Espinas dorsales de telecomunicaciones digitales. Las centrales de conmutación se conocen normalmente como POPs —puntos de presencia— […] centrales erigidas alrededor de las centrales terrestres de enlace satélite […].

Será vital económicamente tener cerca un POP eficiente en la espina dorsal de alta velocidad; será una ventaja competitiva cada vez más importante si tenemos uno y los competidores no lo tienen […].

Este modelo es más claro en países en desarrollo, donde la introducción de un POP en una región con pocos servicios hasta el momento pueden suponer una repentina y vívida diferencia".[2]

2 Mitchell, William J., *E-topía*, Editorial Gustavo Gili, Barcelona, 2001.

La lógica de ocupación del territorio favorecida por las TIC conforma un espacio urbano a modo de un *patchwork*, elementos uno junto a otro, cada uno de los cuales tiene límites claramente definidos. Ya no se hace posible una transmisión osmótica, pues el tejido epitelial de cada área es infranqueable sino se poseen las claves de acceso para traspasar los diferentes sistemas de control.

Este trabajo se ha fundamentado en la crítica a una realidad que no es la única, pero sí la más presente en los medios de comunicación de masas; su forma y su desarrollo son el modelo que se presenta como ineludible y deseable, internalizada inconsciente e inequívocamente por los ciudadanos. Es la realidad defendida desde la visión del discurso único, de la muerte de las ideologías y del fin de la historia. La ciudad como lugar del encuentro, de las mezclas, de aprendizaje y de aventura, se presenta como peligrosa e indeseable, como un fenómeno a superar. En esta manera de entender el mundo, la ciudad es un sistema que ya no se considera útil socialmente debido a la total prioridad que se otorga a la seguridad, y tampoco resulta funcional desde el punto de vista tecnológico, para poder aprovechar al máximo las posibilidades de las tecnologías de la información y la comunicación.

Igualar el interés público-urbano con los intereses particulares de grandes empresas genera una peligrosa yuxtaposición de imágenes inconexas sin sentido. Unidos, lo peor y lo mejor del mundo se transforman en el discurso del todo-vale, con implicaciones sobre la ciudad que van más allá del hecho urbano construido. En una sociedad cada vez más urbanizada se pierde la conciencia de la dependencia real e ineludible con la naturaleza —el soporte donde nos movemos y de donde venimos—, que se erosiona constante e impunemente.

Pero no sólo la naturaleza está en peligro de ser consumida, desbastada y simplificada, sino que, precisamente este modelo de consumo incesante también se apropia de la diversidad cultural y de la ciudad como construcción constante y colectiva, pasando a ser consumida como cualquier otro producto material. Se construye un mundo urbano que se basa en la simulación, ya no de culturas lejanas, de otredades, sino de nosotros mismos convertidos en simulacros de ciudadanos. Lógicas que, partiendo de una realidad unidireccional, de un modo de ver y concebir el mundo que elude la diversidad, determinan espacial y formalmente a las ciudades que expulsan al "otro". Constituyendo una manera de hacer que, en su afán mercantilista, consumista y soberbio, se exculpa de toda responsabilidad con respecto a los otros y a la suerte del planeta.

Afortunadamente, ésta no es la única cara de la realidad y, a pesar de la fuerza de penetración de esta visión del mundo, existen otros discursos, otras maneras de hacer ciudad que entienden la complejidad y la diversidad del mundo sin pretender reducirlo a una ecuación financiera, sino buscando los modos de construir en la diferencia. Un punto de partida es la búsqueda de una ciudad sostenible, utilizando el término en su sentido más amplio, es decir, no sólo una relación con la naturaleza equilibrada y respetuosa, sino aplicando estos criterios en el interior de las ciudades: defender la diversidad de las ciudades y su composición social y construir nuevas culturas de las diferencias. En definitiva, intentar garantizar a las generaciones futuras el uso y disfrute de la naturaleza y las ciudades.

Pero para poder hablar de la ciudad sostenible habría que plantear primero una sociedad sostenible. Una sociedad sostenible no puede basarse en la visión única, en el consumo, en el individualismo y egoísmo sin límite. Para pensar una ciudad y una sociedad sostenibles en el futuro es necesario consumir menos y distribuir con mayor equidad los recursos. No se trata de equiparar el "consumo" hacia arriba, pues no hay sistema —ecológico ni económico— que pueda aguantar esa presión, sino de recuperar la cultura como construcción de muchos y no como espectáculo mediático; una construcción en la que seamos partícipes y no consumidores.

La ciudad global pertenece a los intereses egoístas de unos pocos, a empresas sin escrúpulos, a la lógica del mercado que coexiste difícilmente con la otra ciudad real —la de los ciudadanos y sus gobernantes democráticamente elegidos—, ciudades con nombres propios y caras; una ciudad con conflictos, crisis y problemas, pero también con convivencia, diálogos y soluciones; una ciudad con desafíos reales que atañen a todos. La construcción de esta ciudad es compleja y no se basa en certezas de caminos únicos. Es necesario buscar, inventar y crear alternativas para cada caso, que no pueden sustentarse en un modelo económico de previsión asegurada y ganancia inmediata y siempre *in crescendo*. La ciudad sostenible es, precisamente, aquella que necesariamente se construye a largo plazo.

El planeamiento urbano propugnado por la ciudad global ha primado sus funciones de control y dominio sobre diferentes sociedades, a las que iguala mediante una serie de necesidades preestablecidas y aplicables en todo el planeta. Uno de los peores síntomas es la privatización y el control del espacio público a partir de la construcción de espacios seudopúblicos, con una falsa diversidad y resguardado del espacio público real, que es donde pueden emerger las diferencias y donde la ciudadanía se expresa. La privatización del espacio público que proponen tanto los barrios cerrados como los centros comerciales "multipropósito" significa el control sobre la vida personal. La expresión de la individualidad y la diferenciación por raza, género, opción sexual, edad o cualquier otra queda coaccionada por el control abusivo y los decálogos de conducta que nos advierten al entrar, y en lugar poco visible, acerca del comportamiento adecuado que nos permitirá permanecer allí.

■ Doble proceso urbano: "metápolis" y "cosmópolis"

La ciudad compacta es un modelo urbano deseable que llena discursos optimistas, pero en cierta manera reduccionistas e irreales, si no se buscan los modos de compaginarla con las gigantescas metrópolis donde vive y vivirá gran parte de la humanidad.

"La viabilidad o sotenibilidad medioambiental de las ciudades puede aumentarse en la medida en que su metabolismo y [...] su huella ecológica se reduzcan. Ello exige que el uso de los recursos sea menos caprichoso y despilfarrador, más eficiente y, en la medida de lo posible, más circular. No depende sólo de la disminución de sus requerimientos materiales, sino también de la capacidad para mantener su complejidad en tanto que sistemas culturales [...]. La ciudad moderna no ha encontrado otra fórmula salvo la segregación para mantener la diversidad, no ha sabido cómo facilitar el acceso a los destinos cotidianos sin aumentar el consumo de combustibles, no ha imaginado mitigar de la pobreza sin la contrapartida de un crecimiento ilimitado. En las lógicas urbanísticas del siglo XX, complejidad cultural y moderación ecológica han resultado ser incompatibles [...]. Otra de las aportaciones fundamentales del nuevo urbanismo ecológicamente consciente [es considerar que] las causas de la degradación ambiental y de la degeneración cultural de las ciudades son las mismas (y pueden y deben combatirse al mismo tiempo)".[3]

Aunar compacidad y grandes metrópolis es el reto para las grandes regiones urbanas. Asumir y desarrollar la composición poliédrica de las áreas urbanas, fomentando simultáneamente la individualidad de las partes en su autosuficiencia funcional, formal y simbólica. Entender la región urbana o la metrópolis como una gran constelación de ciudades compactas, relacionadas, intercomunicadas e identificables, y dar solución a la continuidad infinita a la que estamos acostumbrados gracias al predominio de los sistemas de transporte individual y a las autopistas.

[3] García, Ernest, Introducción al libro: Girardet, Hebert, *Creando ciudades sostenibles*, Tilde, Valencia, 2001.

La readaptación de la ciudad difusa, segmentada, segregada y monofuncional en una "metápolis"[4] es primordial, si se la entiende como un área urbana policéntrica formada por distintas calidades y tipos de asentamientos humanos, que incluyen áreas rurales que funcionan a la vez de manera autónoma y relacionada. Ello debería implicar, junto a otras medidas, un cambio en la manera de hacer ciudad, desde el proyecto y desde la gestión. Cada componente de la metápolis debe asumir un papel diferenciado y no competitivo, sino cooperativo y complementario, con el resto de los nodos; y a su vez, la descentralización de las funciones en el área central debe permitir que cada nodo sea una ciudad y no un suburbio dependiente. La capacidad que tiene Internet de transmitir ciertos contenidos, conectar ciudadanos, entidades y representantes públicos, y la posibilidad de reuniones de trabajo on-line son aspectos que se hallan hoy a nuestro alcance y que deberán ser utilizados cada vez más para reducir los traslados reales y corpóreos que significan pérdida de tiempo y de energía, consumo innecesario de bienes escasos. La ciudad-red no es una entelequia, sino un nuevo modo de socialización y relación que se incorpora a la ciudad y que permitirá ahorrar ocupación innecesaria de la ciudad construida, favoreciendo su perdurabilidad y su uso, contrariamente a las tesis que defienden que la ciudad matérica se volatilizaría en el éter de las redes.[5]

Por otra parte, la ciudad emergente está formada por individuos difícilmente sintetizables en un ser ideal, pues la composición social, cultural y étnica es cada vez más diversa. El planeamiento futuro debe afrontar esta diversidad, aceptarla como reto y como beneficio. Se trata, también, de construir la "cosmópolis":

"El miedo al 'otro' se expresa no sólo en el comportamiento individual, sino en las políticas urbanas y en las respuestas de los planificadores [...]. La discusión se moverá entre lo que debía haber sido, desde la metrópolis moderna que trató de erradicar la diferencia hasta esta utopía posmoderna que he llamado cosmópolis, un lugar de construcción mental, una ciudad-región donde las genuinas conexiones, el respeto y el espacio para la 'otra' cultura, y la posibilidad de trabajar juntos en cuestiones de destino común, la posibilidad de la 'cercanía y unión en la diferencia' [...]. El antiguo modelo sirvió a las ciudades modernas en proyectos dedicados parcialmente a erradicar la diferencia [...]. El planeamiento emergente [...] se dedica a proyectos sociales en los que las diferencias puedan florecer. La imagen metafórica de cosmópolis intenta sugerir esta diversidad. Para asegurar la continuación de la relevancia del planeamiento como un proyecto significativo de justicia social y medioambiental, contribuyendo a la creación de cosmópolis [...], podrá realizarse desarrollando tres nociones: la importancia de un lenguaje ampliado para el planeamiento (involucran-

4   Ascher, François, La Métapolis. Ou l'avenir des villes, Éditions Odile Jacobs, París, 1995.
5   Mitchell, William J., City of Bits. Space, Place, and the Infobahn, The MIT Press, Cambridge (Mass.), 1995.

do una nueva conexión con las profesiones del proyecto); una epistemología de la multiplicidad, y una transformación de las políticas de las diferencias […] que abarque aspectos para la justicia social y medioambiental, para la comunidad humana, la diversidad cultural y el espíritu. En la prisa en pos de las positivistas ciencias sociales, la planificación de posguerra perdió algunas de sus capacidades para dirigir estos aspectos porque dio la espalda a cuestiones de valores, de significados y de las artes (más que de las ciencias) en la construcción de la ciudad"[6].

Por lo tanto, el reto de las ciudades es aceptar, valorar y promover la diversidad en hechos diferenciales respecto a otras ciudades, y adoptar respuestas singulares a los problemas que le son propios y, por tanto, diversos. Las ciudades y las sociedades no son homogéneas, por lo que habrá que utilizar una heterogeneidad de soluciones para que las ciudades se mantengan singulares y sostenibles. La heterogeneidad no significa desigualdad, sino convivencia en diferencia. El sistema aplicado por la globalización o por el capital global rasura las superficies dejándolas lisas, sin matices y sin capacidad para atender las particularidades a la hora de implantar sus productos urbanos. Consiste en un sistema productivista cuyas particularidades sólo pueden ser cosméticas.

La ciudad tomada a retazos, a fragmentos, no puede comprenderse ni mejorarse. Las soluciones deben tender a la totalidad, de un modo progresivo pero integral, y no podrán llegar de la mano de la extirpación y el aislamiento de partes sanas. La ciudad es un sistema intrincado e interconectado, y su fragmentación está lejos de ser una solución, sólo exacerba las disfunciones sistémicas.

■ Alternativas a la uniformidad: ciudades sostenibles

Contrariamente al modelo extendido y dominante, no existe una única alternativa para la ciudad, sino que son posibles muchas y diversas. La ciudad sostenible será múltiple y diversa en sí misma, y respecto al resto de las ciudades.

Las ciudades que siguen modelos únicos y transplantados de diferentes realidades corren el peligro de generar una estructura tecnológica, económica y productiva de dependencia. Se mitifica el cambio de modelo económico productivo de las ciudades, donde su papel consiste casi exclusivamente en generar conocimiento olvidando su aplicación productiva. Entre otras cosas, el resultado práctico del conocimiento es la producción de bienes necesarios para la construcción de la ciudad. Si el modelo perseguido responde a patrones establecidos por los intereses de las

6 Sandercock, Leonie. *Towards Cosmopolis*, John Wiley & Sons, Chichester, 2000.

empresas productoras, las ciudades generadas a partir de estos modelos serán clones unas de otras, perdiendo atractivo, individualidad, peculiaridad y diversidad; a su vez dependerán de tecnologías, productos y conocimientos que no le son propios. Las ciudades pueden convertirse entonces en eternas deudoras externas, lo que repercutiría indefectiblemente en una desigualdad y deuda interna aún mayor. El modelo único es incapaz de responder a las realidades locales y a sus patrones de igualdad, tanto en método como en forma, y no pueden aplicarse sin deteriorar el delicado equilibrio del planeta. Cada ciudad debe encontrar sus mecanismos, soluciones y formas urbanas. En la diversidad se encuentra la riqueza del planeta, y su futuro depende de que siga existiendo; las ciudades no pueden ser ajenas a este mecanismo. En la naturaleza sobran ejemplos sobre los peligros que entraña la eliminación de la diversidad: desde la desaparición de especies animales y vegetales, la desertización de tierras fértiles por deforestación o por cultivos intensivos no rotativos, hasta la manipulación genética de semillas que destierra la histórica relación de los agricultores y su trabajo y hace desaparecer los ciclos biológicos vitales.

"Al patentar los recursos de semillas del planeta, las empresas de biotecnología consiguen un control efectivo sobre buena parte de la producción agrícola mundial. Ellas son las proveedoras y todos los agricultores del mundo se convierten en usuarios que compran el acceso a las semillas para cada período de cosechas".[7]

Este *modus operandi* no hará más que provocar todavía más zonas excluidas de las que existen en la actualidad; la manipulación genética o el conocimiento en manos del mercado sólo son magnificadores de las brechas de desigualdad existente.

Las ciudades que, junto a ciudadanos y países, sigan un patrón único, corren el riesgo de ser dependientes y quedar incapacitadas para ser libres, para ser partícipes de un diálogo entre iguales en lugar de fieles seguidoras de la zanahoria que atrae al burro sin que nunca la llegue a alcanzar.

Si hasta ahora las ciudades han sido pensadas por y para el hombre ideal, se hace imperativo un nuevo pensamiento amplio: la integración de la mujer en las decisiones sobre la ciudad, incorporando su visión como profesional y como usuario. Pero aunque se consiga una mayor participación de la mujer, no será suficiente; es preciso algo más, como la incorporación de las miradas, las vivencias y las necesidades de los otros —niños[8] y ancianos—; esto es, de todas las minorías, ya sean de género, económicas, de raza, de cultura,[9] de orientación sexual[10] o de otra clase. Es ahí donde radicará la posibilidad de un urbanismo de la multiplicidad.

[7] Rifkin, Jeremy, *La era del acceso. La revolución de la nueva economía*, Paidós, Barcelona, 2000.
[8] Tonucci, Francesco, *La ciutat dels infants*, Barcanova, Barcelona, 1997.
[9] Hayden, Dolores, *The Power of Place. Urban Landscape as Public History*, The MIT Press, Cambridge (Mass.), 1999; Davis, Mike, *Magical Urbanism. Latinos Reinvent the US Big City*, Verso, Londres, Nueva York, 2000; Sandercock, Leonie, *op. cit.*
[10] Bell, David; Binnie, Jon, en Fyfe, Nicholas R., *Images of the Sttreet. Planning, Identity and Control in Public Space*, Routledge, Nueva York/Londres, 1998.

Las ciudades deben ser sostenibles, entendiendo sostenibilidad en su amplio espectro que conjuga lo social y lo natural.

"Seguramente, cualquier planeamiento futuro que busque compatibilizar la justicia y la sostenibilidad tendrá que descansar sobre una nueva cultura verde que supere esta desconexión radical entre nuestra devoradora fiesta urbana y las crisis socioecológicas que hoy envenenan no sólo el aire, los suelos y los recursos vitales de la Tierra, sino que constituyen una amenaza creciente para la vida y el bienestar de las gentes cercanas y lejanas del planeta [...]. La omnipresente obsesión por el crecimiento y la competitividad económica eclipsa constantemente el debate en torno a los fines sociales y ambientales implicados en los proyectos públicos y privados de desarrollo urbano y en las decisiones ciudadanas en general".[11]

Las ciudades deben encontrar soluciones para detener el desgaste de la tierra y garantizar la continuidad del planeta y los recursos para las generaciones venideras. Las ciudades son las mayores consumidoras del planeta. Considerando que casi dos tercios de población del planeta es urbana, se hace imprescindible un giro, un cambio en la manera de hacer las ciudades.

"La naturaleza no se verá más como un recurso que da soporte a la población mundial, ni como un idealizado 'otro'-otros, no urbanos. Lo urbano y el medio ambiente natural vistos como una matriz indivisible donde los humanos y los procesos naturales interactúan".[12]

El deber, por parte de las ciudades, de garantizar las diferencias, que no las desigualdades, está incorporado en el concepto de sostenibilidad como parte de la preservación del futuro. En las condiciones actuales, la vida urbana no siempre es así, pues la falta de referentes y de significados compartidos que cohesionen a los ciudadanos convierten lo urbanizado en áreas especializadas. Por tanto, la construcción de ciudades sostenibles pasa también por que sean capaces de regenerar formas urbanas con significado y crer nuevos paradigmas según las diferentes realidades. Debe ser sostenible como espacio de significación, de expresión de la multiplicidad social; un planeta urbano-ciudadano necesita encontrar los discursos y las formas mediante las cuales los ciudadanos se sientan interpretados y representados.

Asistimos a la exacerbación del urbanismo funcionalista y productivista que segrega funciones y clases sociales y promueve un espacio público que pasa a ser mero espacio de tránsito desde donde observar los anuncios publicitarios que prometen

[11] Hammerstein, David, "De la naturaleza como el Otro de la ecología urbana" (presentación a la edición española), en Girardet, Herbert, op. cit.

[12] Law, Nicholas, et al. (eds), Consuming Cities. The Urban Environment in the Global Economy after the Rio Declaration, Nueva York/Londres, 2000.

paraísos edulcorados que se desarrollan en el más cínico simulacro de los paseos seudourbanos del interior de los barrios cerrados, los centros comerciales o las áreas de negocios.

En el recorrido hacia la uniformidad que la globalización pretende, se ha debilitado el espacio público como estructurador urbano, como espacio simbólico, como lugar de la expresión, del encuentro y del azar, y se ha olvidado que es el elemento del tejido urbano que tiene mayor capacidad para unir y dar coherencia a una serie de intervenciones arquitectónicas. La mayoría de los ejemplos de edificios emblemáticos construidos en la década de 1990 carece de capacidad para ofrecer un diálogo con la ciudad. Ante la dificultad o la complejidad de las situaciones urbanas, los edificios optan por el hermetismo y la negación o, en las nuevas áreas, que siguen un patrón ideal, como Potsdamer Platz o Puerto Madero, el espacio público pasa a ser una escenografía perfecta e idealizada que mantiene alejada a la realidad.

■ Conclusiones sobre Buenos Aires

A mediados de la década de 1990, Argentina (y por tanto Buenos Aires), aparecía an-te los ojos miopes de la realidad globalizada como un paraíso posible gracias a las priva-tizaciones y a la desaparición del Estado regulador y gubernativo. Sin embargo, ha sido suficiente poco más de un lustro para desvelar una de las peores crisis que el país atraviesa en toda su historia: una deuda externa impagable, una sociedad civil desencantada y al borde de la quiebra, una clase política sin rumbo. Un país que ha llegado a los máximos nunca antes alcanzados por ningún otro país del llamado "riesgopaís" (clasificación realizada por J. P. Morgan acerca de los países más seguros para las inversiones privadas). Por tanto, en el mundo de las finanzas globales, o en el mundo manejado desde las finanzas globalizadas, los países se miden de acuerdo con el riesgo para la inversión financiera. El valor máximo para el riesgo-país a partir del cual un país se considera colapsado, quebrado y prácticamente inexistente era de 1.800, según J. P. Morgan. Tras los disturbios de diciembre de 2001, este valor alcanzó en Argentina la cifra de 5.000.

En resumen, Argentina pasa a ser un país al que le cuesta ver y encontrar su futuro, donde los castillos de naipes empiezan a derrumbarse y los espejismos a desaparecer, pero permanecen sus huellas.

■ Particularidades de la huella sobre Buenos Aires

La cuadrícula sobre la que se basa la trama urbana de Buenos Aires ha asumido durante décadas las diferentes experiencias arquitectónicas y urbanas como si se tratara de un laboratorio urbano. Por tanto, y como ya se ha indicado, el hecho formal diferencial de Buenos Aires ha sido precisamente su trama urbana, que ha permitido un crecimiento a la vez espontáneo y reglado, con incorporaciones constantes de nuevas tipologías urbanas y arquitectónicas, y también la incorporación progresiva de nuevos grupos de inmigrantes en la sociedad.

Uno de los elementos característicos de la cuadrícula sobre una geografía plana como la de Buenos Aires es su capacidad de conectividad. Las calles forman una malla que hace del conjunto una red de conexiones con múltiples combinatorias: la aparente rigidez constituye su mayor potencial de flexibilidad, los sistemas de transporte y comunicación son fáciles de ubicar y las variaciones dentro de una megaestructura son posibles.

A lo largo del siglo xx fueron muchas las nuevas formas urbanas que se probaron sobre Buenos Aires. ¿Qué es entonces lo que hace diferente al urbanismo global de las anteriores pruebas?

La arquitectura que ha dejado su huella sobre Buenos Aires en la última década del siglo xx niega, en primer lugar, lo colindante; no se establecen diálogos ni con el entorno construido ni con el natural. El tamaño de las promociones inmobiliarias excluye a un promotor local medio o pequeño, e imposibilitan la inserción de grupos con menores recursos. Por ello, se generan áreas de alto interés económico, al tiempo que otras áreas dejan de existir. La excesiva homogeneidad de las propuestas arquitectónicas que se han realizado, auténticos productos urbanos prefabricados, impide una disolución en lo existente que, a su vez, las señala como diferentes.

Las huellas de la arquitectura de la globalización en Buenos Aires se convierten en elefantes blancos, en monstruos que la ciudad no puede asimilar y a los que no puede dar vida porque dependen fundamentalmente de pulmones artificiales, de procesos continuos de encantamiento y novedad. Las viviendas en guetos, los centros comerciales y de ocio y la ciudad inventada para los negocios fagocitan la energía del resto de la ciudad y no generan sinergias con ella. Son áreas de gran superficie, sin relación con el entorno que caen rápidamente en desuso y resultan obsoletas debido no sólo a lo efímero de las modas, sino al acotado sector de la sociedad al que van dirigidas, de manera que la aparición de una nueva huella significa la muerte o decadencia de la anterior. El canibalismo del modelo no se dirige sólo contra la ciudad que lo acoge, sino que se autoconsume a una velocidad imposible, y deja un reguero de huellas, de espacios sin memoria debido a su juventud y sin calidad, ya que su finalidad es la pura rentabilidad financiera.

La vastedad del territorio juega en contra de la reabsorción sistemática de los antiguos espacios infraestructurales e industriales —*terrains vagues*[1] y *brown fields*—, ya que, en apariencia, siempre se puede ir más lejos, dar la espalda a los espacios y contenedores abandonados y seguir ocupando territorio, dejando la contaminación y la degradación donde otrora hubo producción, vida e intercambio. El cambio de mentalidad para abordar la ciudad tendrá que repensar y proponer nuevos usos urbanos para suelos ya urbanos, pensar la ciudad de un modo calidoscópico e inventar y reinventar los usos. A las políticas de colmatamiento urbano o de relleno se pueden añadir las experiencias llevadas a cabo en numerosas ciudades —Berlín, Nueva York o Shangai—, que han consistido en recuperar este tipo de suelo urbano para la agricultura de proximidad, en un camino posible, rentable, sostenible y socialmente comprometido.

"La provisión de tierra para la agricultura urbana es, ciertamente, una política de planificación alternativa. En ciudades estadounidenses como Nueva York y Detroit, miles de hectáreas de terreno han sido concedidas a los desempleados para que cultiven alimentos. En el Reino Unido, los proyectos de granjas urbanas se han establecido en terrenos abandonados en unas veinte ciudades. En Alemania se ha destinado tierra para los proyectos de agricultura urbana en las antiguas ciudades mineras del carbón como Essen [...].

Hoy nos enfrentamos a una nueva clase de crisis: la globalización económica. El desempleo está en nuestras ciudades para quedarse, y fuerza a muchas personas a adoptar nuevas estrategias de supervivencia, incluso pasar parte de su tiempo cultivando alimentos. En las ciudades que han experimentado el declive industrial, la tierra abandonada debería estar disponible para el cultivo de alimentos [...].

El cultivo de alimentos debería considerarse como un componente importante de la futura vida urbana".[2]

[1] Solà-Morales, Ignasi de, "*Terrain vague*", en *Territorios*, Editorial Gustavo Gili, Barcelona, 2002.
[2] Girardet, Hebert, *Creando ciudades sostenibles*, Tilde, Valencia, 2001.

■ Desafíos y oportunidades para Buenos Aires

Como ya ha quedado explícito, Buenos Aires no se acaba en los límites políticos administrativos de una ciudad con 200 km². Por tanto, el primer desafío es formar la conciencia de unidad urbana del área metropolitana y actuar en consecuencia.

Más allá de las presiones y realidades globales, hay acciones a adoptar desde lo local. Las diferentes leyes que permitieron la expansión indiscriminada del suelo urbano deben volver a entenderse, en conjunto, como una herramienta válida para toda el área metropolitana. Esto requiere que previamente se forme un consejo de gobierno que posibilite políticas de suelo comunes, con prestaciones equivalentes para aquellos municipios que, por el bien del conjunto, deban limitar las superficies destinadas a sus suelos urbanizables o productivos. Las áreas urbanizables no pueden crecer según la presión del mercado: baja densidad, servicios inevitablemente deficientes o inviables económicamente con el consiguiente aumento de la presión sobre el medio ambiente natural y social.

Dos espacios naturales en el límite urbano muestran las paradojas y contradicciones que acompañan al urbanismo global tardorracionalista en Buenos Aires: el delta del río Paraná y la Reserva Ecológica. El delta del río Paraná en Tigre es un espacio de naturaleza excepcional, al que se deja degradar y se consume construyendo barrios cerrados, como Nordelta, con espacios de costa y río apropiados y privatizados, y espacios recreativos, como el Parque de la Costa que impide, en ambos casos, el libre acceso a los ríos. Al mismo tiempo, se intenta detener este proceso elevando una petición a la Unesco, encabezada por el municipio de San Fernando y apoyada por biólogos investigadores de la Universidad de Buenos Aires, para que en 2000 se declare a la zona como Reserva de la Biosfera.

Mientras tanto, en la zona costera más céntrica de Buenos Aires, frente a Puerto Madero, se consolida un área natural justo en el límite entre la ciudad densa y el río. Llamada Reserva Ecológica, se convierte en una metáfora y una advertencia: de la mayor degradación y abandono, la naturaleza nos regala su mayor biodiversidad. En este espacio, las actuaciones urbanas quedan paralizadas.

Es un lugar cargado de significados para la ciudad y su relación con el río, allí se ubica la Costanera Sur[3] que, a principios del siglo XX, fue el paseo y balneario popular por excelencia. No por casualidad, y en plena época de la dictadura militar de 1976-1983, se decidió que los escombros de las cicatrices de las autopistas fueran

[3] AA VV, *Costanera Sur. Corporación Antiguo Puerto Madero SA*, Ediciones Larivière, Buenos Aires, 1999.

a parar allí. El vertedero que transformó la costa y vació de sentido la Costanera, paradójicamente, hoy se ha convertido en un espacio natural. Poco importa si este paraje, donde la ciudad es más rabiosamente ciudad, es natural o artificial, poco importa pues su origen es menos relevante que su futuro. A Buenos Aires, ciudad que ha olvidado la relación con su entorno, se le presenta la oportunidad de recuperar este espacio de límite para el futuro, pues es precisamente en este tipo de vecindades entre lo artificial y lo natural, en los límites de lo urbano, donde la variedad de la naturaleza es más amplia.

Este regalo no sólo es la reconstrucción casual de una naturaleza original, sino que ofrece un espacio sin uso previsto de consumo, un espacio público en contacto con la naturaleza desde donde poder observar la ciudad, un espacio natural que debe integrarse en lo urbano. Sin embargo, su mitificación como espacio alejado del hombre puede llevarlo a polarizar su futuro, ya sea porque la ciudad lo consuma como tierra urbana privilegiada, o bien porque el exceso de celo lo convierta en un reducto inaccesible. Sin embargo, la realidad se empeña en dar opciones extremas: urbanización total o Reserva Ecológica como ecosistema congelado, algo que es su propia definición lo imposibilita, pues un ecosistema no sobrevive aislado, sino que constituye un eslabón en una cadena compleja. Del mismo modo que sucede en la ciudad, la museificación mata la complejidad sistémica.

Contemplando Buenos Aires desde la Reserva Ecológica, la imagen lecorbusierana de la pampa y los rascacielos se presenta ante nuestros ojos lejana y cargada de símbolos reconocibles, y su murmullo inagotable y constante nos acerca su presencia.

Los desafíos y oportunidades para Buenos Aires están, como en toda ciudad, en sí misma, en entender su particularidad, su lugar, su geografía, su historia, su cultura y su sociedad. Más allá del simple modelo de la ciudad global, se debe defender el valor diferencial de los lugares y de las soluciones.

BIBLIOGRAFÍA GENERAL

Ascher, François, *La Métapolis. Ou l'avenir des villes*, Éditions Odile Jacobs, París, 1995.

Augé, Marc, *El viaje imposible. El turismo y sus imágenes*, Gedisa, Barcelona, 1998.

Augé, Marc, *Los "no lugares". Espacio del anonimato. Una antropología de la sobremodernidad*, Gedisa, Barcelona, 1994[2].

Barcellona, Pietro, *Postmodernidad y comunidad. El regreso de la vinculación social* [1990], Trotta, Madrid, 1996.[2]

Barnett, Jonathan, *The Fractured Metropolis. Improving the New City, Restoring the Old City, Reshaping the Region*, Harper Collins, Nueva York, 1996.

Baudrillard, Jean, "La precesión de los simulacros", en *Cultura y simulacro* [1978], Kairós, Barcelona, 1998.[5]

Bettini, Virginio, *Elementos de ecología urbana*, Trotta, Madrid, 1998.

Borja, Jordi; Castells, Manuel, *Local y global. La gestión de las ciudades en la era de la información*, Taurus, Madrid, 1997.

Borja, Jordi; Muxí, Zaida, *Espacio público: ciudad y ciudadanía*, Electa, Barcelona, 2002.

Boyer, Marie Christine, *The City of Collective Memory. Its Historical Imagery and Architectural Entertainments*, The MIT Press, Cambridge (Mass.), 1994.

Calthorpe, Peter; Fulton, William, *The Regional City. Planning for the End of Sprawl*, Covelo/Washington, Island Press/Londres, 2001.

Carrión, Fernando; Wollrad, Dörte (eds.), *La ciudad, escenario de comunicación*, Flacso, Quito, 1999.

Castells, Manuel, *La ciudad informacional. Tecnologías de la información, reestructuración económica y el proceso urbano regional*, Alianza Editorial, Madrid, 1995.

Chomsky, Noam, *Ilusiones necesarias. Control del pensamiento en las sociedades democráticas*, Libertarias, Madrid, 1992.

Chomsky, Noam; Herman, Edward S., *Los guardianes de la libertad*, Grijalbo Mondadori, Barcelona, 1995.

Ciucci, Giorgio, "La ciudad en la ideología agraria y Frank Lloyd Wright. Orígenes y desarrollo de Broadacre", en Ciucci, G.; Dal Co, F.; Manieri Elia, A.; Tafuri, M., *La ciudad americana*, Editorial Gustavo Gili, Barcelona, 1975.

Cuenya, Beatriz; Falu, Ana (eds.), *Restructuración del Estado y política de vivienda en Argentina*, Oficina de Publicaciones CNC, Universidad de Buenos Aires, Buenos Aires, 1997.

Cuff, Dana, *The Provisional City. Los Angeles Stories of Architecture and Urbanism*, The MIT Press, Cambridge (Mass.), 2000.

Davis, Mike, *Ciudad de cuarzo. Excavando el futuro en Los Ángeles*, Lengua de Trapo, Madrid, 2003.

Davis, Mike, *Magical Urbanism. Latinos Reinvent the US Big City*, Verso, Londres, Nueva York, 2000.

Davis, Mike, *Más allá de Blade Runner. Control urbano: la ecología del miedo*, Virus Editorial, Barcelona, 2001.

Debord, Guy, *La sociedad del espectáculo*, Pre-Textos, Valencia, 2002.

Deleuze, Gilles, *Conversaciones 1972-1990*, Pre-Textos, Valencia, 1999[3].

Díez, Fernando, "Oficinas en enclave: la identidad en la piel", en *Summa+*, 23, febrero-marzo de 1997.

Dutton, John A., *New American Urbanism. Re-forming the Suburban Metropolis*, Skira, Milán, 2000.

Echeverría, Javier, *Telépolis*, Destino, Barcelona, 2000[2].

Eco, Umberto, *Travels in Hyperreality*, Hardcourt, San Diego, 1988.

Fernández-Galiano, Luis, "Obras de Consumo", en *Arquitectura Viva*, 74, septiembre-octubre de 2000.

Fernández-Galiano, Luis, "Split-screen", en *Arquitectura Viva*, 69, noviembre-diciembre de 1999.

Fernández, Roberto, "Escenarios posurbanos", en *Astrágalo, cultura de la arquitectura y la ciudad (El efecto de la globalización)*, 10, diciembre de 1998.

Fernández, Roberto, *El laboratorio americano. Arquitectura, geocultura y regionalismo*, Editorial Biblioteca Nueva, Madrid, 1998.

Findlay, John M., *Magic Lands. Western Citiscapes and American Culture after 1940*, University of California Press, Berkeley/Los Ángeles/Oxford, 1992.

Flichy, Patrice, *Una historia de la comunicación moderna. Espacio público y vida privada*, Ediciones G. Gili SA de CV, Ciudad de México, 1993.

Garber, Marjorie, *Sex and Real Estate. Why We Love Houses*, Anchor Books, Nueva York, 2000.

García Espuche, Albert; Rueda, Salvador (eds.), *Debat de Barcelona IV. La ciutat sostenible,* Centre de Cultura Contemporània de Barcelona, Barcelona, 1999.

García Vázquez, Carlos, *Berlín–Postdamer Platz. Metrópoli y arquitectura en transición,* Fundación Caja de Arquitectos, Barcelona, 2000.

Garreau, Joel, *Edge City. Life on the Urban Frontier,* Doubleday, Nueva York, 1991.

Ghirardo, Diane, *Architecture after Modernism,* Thames and Hudson, Londres/Nueva York, 2000.

Girardet, Hebert, *Creando ciudades sostenibles,* Tilde, Valencia, 2001.

Gleeson, Brendan; Low, Nicholas, "Cities as Consumers of the World's Environment", en Low, Nicholas et al., *Consuming cities. The Urban Environment in the Global Economy after the Rio Declaration,* Routledge, Londres, 2000.

Hajer, Maarten; Reijndorp, Arnold, *In Search of New Public Domain,* NAi Publisher, Rotterdam, 2001.

Hannigan, John, *Fantasy City, Pleasure and Profit in the Postmodern Metropolis,* Routledge, Londres/Nueva York, 1998.

Hayden, Dolores, *The Power of Place. Urban Landscape as Public History,* The MIT Press, Cambridge (Mass.), 1999.

Horkheimer, Max; Adorno, Theodor W., *Dialéctica de la Ilustración* [1944], Círculo de lectores, Barcelona, 1999.

Huxtable, Ada Louise, *The Unreal America. Architectures and Illusion,* The New Press, Nueva York, 1997.

Jameson, Frederic, *El posmodernismo o la lógica cultural del capitalismo avanzado* [1984], Paidós, Madrid, 1991.

Koolhaas, Rem et al., *Mutaciones,* Actar, Barcelona, 2000.

Koolhaas, Rem, "La città generica", en *Domus,* 791, marzo de 1997.

Koolhaas, Rem, *Delirio de New York,* Editorial Gustavo Gili, Barcelona, 2004.

Leach, Neil (ed.), *The Hieroglyphics of Space. Reading and Experiencing the Modern Metropolis,* Routledge, Londres/Nueva York, 2002.

Liernur, Jorge F.; Silvestri, Graciela, *El umbral de la metrópolis. Transformaciones técnicas y cultura en la modernización de Buenos Aires (1870-1930),* Editorial Sudamericana, Buenos Aires, 1993.

McCarney, Patricia (ed.), *The Changing Nature of Local Government in Developing Countries,* University of Toronto, Toronto, 1996

Mitchell, William J., *City of Bits. Space, Place, and the Infobahn,* The MIT Press, Cambridge (Mass.), 1995.

Mitchell, William J., *E-topía,* Editorial Gustavo Gili, Barcelona, 2001.

Montaner, Josep Maria, *La modernidad superada. Arquitectura, arte y pensamiento del siglo XX,* Editorial Gustavo Gili, Barcelona, 2002⁴.

Montaner, Josep Maria, *Las formas del siglo XX,* Editorial Gustavo Gili, Barcelona, 2002.

Muñoz, Francesc, "La ciudad multiplicada", en *Revista de Arquitectura y Urbanismo del COAM,* 322, 2000.

Navarro, Vicenç, *Globalización económica, poder político y estado del bienestar,* Ariel, Barcelona, 2000.

Nel·lo, Oriol, *Ciutat de ciutats,* Empúries, Barcelona, 2001.

Panerai, Philippe; Mangin, David, *Proyectar la ciudad,* Celeste, Madrid, 2002.

Pesci, Rubén, *La ciudad de la urbanidad,* Kliczkowski Publisher/ASPPAN/CP 67, Buenos Aires, 1999.

Rifkin, Jeremy, *La era del acceso. La revolución de la nueva economía,* Paidós, Barcelona, 2000.

Ritzer, George, *El encanto del mundo desencantado. Revolución en los medios de consumo,* Ariel, Barcelona, 2000.

Ritzer, George, *La McDonalización de la sociedad. Un análisis de la racionalización,* Ariel, Barcelona, 1996.

Rodríguez, María Carla, "Organización de ocupantes de edificios en la Capital Federal: la trama poco visible de la ciudad negada", en Herzer, Hilda (ed.), *Postales urbanas del final del milenio. Una construcción de muchos,* Universidad de Buenos Aires, Buenos Aires, 1997.

Rofman, Alejandro B., *Desarrollo regional y exclusión social. Transformaciones y crisis en la Argentina contemporánea,* Amorrortu Editores, Buenos Aires, 2000.

Rossi, Aldo, *La arquitectura de la ciudad* [1971], Editorial Gustavo Gili, Barcelona, 1999¹⁰.

Sarlo, Beatriz, *Escenas de la vida posmoderna. Intelectuales, arte y videocultura en la Argentina,* Espasa-Calpe Argentina, Buenos Aires, 1994.

Sarlo, Beatriz, *Una modernidad periférica: BA 1920 y 1930,* Nueva Vision, Buenos Aires, 1996.

Sassen, Saskia, *Cities in a World Economy,* Pine Forest Press, Thousdand Oaks (Cal.), 1994.

Sassen, Saskia, *La ciudad global: Nueva York, Londres, Tokio,* Eudeba, Buenos Aires, 1999.

Schütz, Eike J., *Ciudades en América Latina. Desarrollo barrial y vivienda* [1987], Ediciones Sur, Santiago de Chile, 1996.

Scully, Vincent, "The Architecture of Community", en *The New Urbanism*, McGraw-Hill, Nueva York, 1994.

Sennett, Richard, *Identidad personal y vida urbana*, Paidós, Madrid, 1975.

Silverstone, Roger, *Televisión y vida cotidiana*, Amorrortu Editores, Buenos Aires, 1996.

Silvestri, Graciela; Gorelik, Adrián, "Ciudad y cultura urbana, 1976-1999. El fin de la expansión", en Romero, J. L.; Romero L. A., *Buenos Aires. Historia de cuatro siglos* (Tomo 2: *Desde la ciudad burguesa hasta la ciudad de masas*), Editorial Altamira, Buenos Aires, 2000².

Soja, Edward W., *Postmetropolis. Critical Studies of Cities and Regions*, Blackwell, Oxford, 2000.

Solà-Morales, Ignasi de, "Presente y futuros. La arquitectura en la ciudad" y "*Terrain vague*", en *Territorios*, Editorial Gustavo Gili, Barcelona, 2002.

Solà-Morales, Ignasi de, *Diferencias. Topografía de la arquitectura contemporánea,* Editorial Gustavo Gilli, Barcelona, 2002².

Sorkin, Michael (ed.), *Variaciones sobre un parque temático,* Editorial Gustavo Gili, Barcelona, 2004.

SVAMPA, Maristella, *Los que ganaron. La vida en los countries y barrios cerrados*, Editorial Biblos, Buenos Aires, 2001.

Tonucci, Francesco, *La ciutat dels infants,* Barcanova, Barcelona, 1997.

Vidler, Anthony, *The Architectural Uncanny* (en especial: "III Spaces. Posurbanism"), The MIT Press, Cambridge (Mass.), 1996.

Wright, Frank Lloyd, "La ciudad" (conferencia de Princeton University, 1930), en *El futuro de la arquitectura*, Poseidón, Barcelona, 1978.

Zukin, Sharon, *Landscape of Power. From Detroit to Disney World*, University of California Press, Berkeley/Los Ángeles/Oxford, 1993.